主要国家和地区非营利性医疗机构法律规定研究

于保荣 等 编著

对外经济贸易大学出版社
中国·北京

图书在版编目（CIP）数据

主要国家和地区非营利性医疗机构法律规定研究／于保荣等编著. —北京：对外经济贸易大学出版社，2015

ISBN 978-7-5663-1276-1

Ⅰ.①主… Ⅱ.①于… Ⅲ.①医药卫生组织机构-卫生法-研究 Ⅳ.①D912.104

中国版本图书馆 CIP 数据核字（2015）第 019199 号

主要国家和地区非营利性
医疗机构法律规定研究

于保荣 **等 编著**
责任编辑：汪 洋 申 艳

对 外 经 济 贸 易 大 学 出 版 社
北京市朝阳区惠新东街 10 号　邮政编码：100029
邮购电话：010-64492338　发行部电话：010-64492342
网址：http://www.uibep.com　E-mail：uibep@126.com

北京京华虎彩印刷有限公司印装　新华书店北京发行所发行
成品尺寸：170mm×240mm　14.25 印张　226 千字
2015 年 4 月北京第 1 版　2015 年 4 月第 1 次印刷

ISBN 978-7-5663-1276-1
定价：41.00 元

前　言

从国际上看，医疗机构分为政府办公立、非营利性和营利性三类。医疗卫生行业是公益性行业，非营利性医疗机构是其主体。新中国成立以来，长期实行的是计划经济模式，绝大多数医院为政府办的公立医院，社会力量没有在卫生领域得到很好的利用。充分发挥社会力量办医，已成为市场经济发展和满足人民健康需求的趋势。但我国政府对非政府办的医疗机构应该实行哪些法律法规、实行怎样的管理政策，目前尚知之甚少。

本书通过大量的国内外文献检索，介绍了国际上主要国家和地区对非营利性医疗机构的法律制度和管理政策，在进行研究分析的基础上，尽可能与公立医疗机构和营利性医疗机构的相应制度和规定进行对比，为我国鼓励和规范社会资本举办非营利性医疗机构提供国际经验借鉴，提出政策建议。本书研究的国家和地区包括美国、德国、日本、澳大利亚、新加坡、中国香港地区、中国台湾地区等，以非营利性医疗机构准入、运营、退出、监管，以及土地、人力资源、补偿、税收等方面政策为研究核心。

近几年是全国范围的医疗卫生体制改革之年。各级政府（中央，省、直辖市、自治区，地市，区县）部门，如卫生和计生委、发改委、社会保障等部门，在制定具体政策时都会需要这样的参考书；各大专院校及相关科研机构在相关的卫生政策和医疗保障领域的教学和科研中，也需要这样内容翔实的国际经验参考书。

本书的其他参著者均为山东大学的硕士研究生，其中徐俊芳、王蒙和张帅负责美国和新加坡、张敏和贾妮负责澳大利亚和中国香港地区、李常清和李文凤负责日本和中国台湾地区、孙雅慧和郝洪英负责德国部分的资料查找及文献整理工作。

本书是在国务院医药卫生体制改革领导小组办公室的委托下完成的工作，同时，为对外经济贸易大学学科建设专项经费（XK2014123）和国家自然科学基金面上项目（71173135/G0308）的成果。本书的观点和立场均来自相关文献和著作者，与研究委托方没有任何关系。

于保荣

2015. 3

目　　录

第 1 章
美　　国

第1节 美国医疗机构的概况

1.1 美国医疗机构的分类

从总体上讲，美国医院可分为政府医院、非营利医院和营利性医院三类。政府医院包括联邦政府医院、州及地方政府医院。据2011年1月的统计数据显示，属于美国联邦政府的医院一共有241家，主要有三种：美国国防部（US Department of Defense）所属的医院，全世界一共有59家，为143万现役军人服务；美国退伍军人事务部（US Department of Veteran Affairs）所属的医院，有153家，为将近2 300万退伍军人中符合条件的人员服务，是美国规模最大的统一管理的医疗系统；美国医疗和人类服务部（US Department of Health and Human Services）下属的北美原住民健康服务局（Indian Health Service），有29家医院，为居住在北美原住民部落保留地或附近的564个原住民部落现有的190万成员服务。

非营利性医院则有教会医院、Kaiser医院、非营利性公司医院等，营利性医院则包括个体开业医院、合伙开业医院及营利性公司医院等。[1]政府医院均为非营利医院。而社区医院是美国医院的主体，包括州及地方政府医院、民营营利性医院、民营非营利性医院。[2]

美国的公立医院（Public Hospital）是指由各级政府出资设立并所有、接受政府财政拨款的医院。私立非营利性医院为病人提供医疗服务后，如果病人享受政府医疗保险或医疗救助，院方会向政府医疗保险管理机构收取其应该支付的那部分费用。除此之外，私立非营利性医院一般不会得到政府的财政拨款。公立医院和私立非营利性医院均不以营利为目的，公立医院的所有人是政府，而私立非营利性医院的所有人是非政府机构。

非营利性医院多由政府或慈善组织建立，通常由理事会进行经营，他们是医院行政官、医师和社区领导者的代表。理事会和行政官们负责满足社区的地方性需求。非营利性医院不用缴纳联邦或州政府征收的税，但应为所在社区提供一定量的慈善医疗服务。社区医院的五分之三是非营利性私立医院，它们提供了全国70%的医院床位，73%的住院和门诊医疗服务。一般来说，非营利性医院收治更多的贫困病人，参与的教学和科研活动也更多。它们所提供的高成本、无利可图的服务也更多，如新生儿监护、移植手术、创伤中心等。这种医院更多情况下是建立在社区较低收入区域，也更多地为本社区提供医疗服务。非营利性医院都不断寻求政府及相关的资助，以投资新的设备，改进服务等。

慈善医院有大量宗教背景。许多社区医院是非营利性组织，如一些美国最好的研究和教学机构。甚至很多没有宗教背景的社区医院作为非营利组织，为他们的社区带来健康护理。一些美国最好的医院是教学的非营利组织。它们通常是大学的附属医院，并致力于对学生的教育和研究。凭借他们的大学背景和目的，他们有资格在IRS（Internal Revenue Service，美国国税局）的准则下享受非营利的地位。这些组织使用新的技术，如实验技术和适当的治疗方法。

大多数公共健康计划的运行是由非营利性医院组织的。这些措施包括各种各样的服务，如义诊、免疫接种门诊、针具交换、贫困者的临终关怀、艾滋病预防方案等。所有这些组织都有一个共同点，它们的目的是慈善和教育用途，往往很少或根本不向受益者收取费用。

营利性医院多系企业或个人投资性医院。医院的首席执行官由持股者进行选举。营利性医院必须于每个季度就财政状况向其持股人做出交代。

在医疗领域，非营利性民间组织也非常多。其中主要有以下几类：各类医疗专业人员的协会和学会；教育和认证机构、资格考试审核机构；医疗各行业及细分行业的行业协会和组织；医学、医疗管理、医疗经济的研究机构；各种基金会和慈善组织；各种病人和消费者服务和保护组织。根据2007年的数据，美国有医疗各行业、产业的行业组织1 552个，专业人员的协会和学会2 131个，非营利性的医疗研究机构2 191个，医疗社会福利机构719个。这些都是每年向IRS（美国国税局）报税，正常活动的组织。

1.2 美国医疗机构的数量和地位

根据2000年美国卫生报告，1998年全美共有医院6 021所，按所有权不同分为两大类：联邦政府医院275所，非联邦政府医院5 764所。联邦政府医院由联邦政府运营，经费全部来自联邦政府；非联邦政府医院包括社区医院、长期综合医院和专科医院、精神病院和肺结核疗养院。[3]根据美国医院协会数据，2003年美国共有医院5 764家，其中联邦医院239家，非联邦医院5 525家；非联邦医院中有社区医院4 895家，其中非营利性医院为2 984家，营利性医院为790家，州或地方政府医院1 121家。2003年，联邦医院共筹医疗费用309亿美元（占全国总医疗费用的6.2%）、非营利性医院3 377亿美元（占67.8%）、营利性医院440亿美元（占8.8%）①、州或地方政府医院685亿美元（占医院费用的13.8%）。[4]

2005年美国共有5 756家医院，其中联邦医院226家，占医院总数的3.93%，有1 110所为州或地方政府医院。因此，美国的政府医院有1 336家，占医院总数的23.21%，拥有病床173 512张，占病床总数的18.30%。社区医院共有4 936家，占医院总数的85.75%。社区医院中，民营医院共3 826所，占医院总数的66.47%。社区的民营非营利性医院有2 958所，营利性医院有868所。民营医院中，非营利医院的比例高达78.31%。从床位看，民营机构的床位数占总数的71.24%，其中，民营非营利性医院床位数和营利性医院床位数所占比例分别为59.25%、11.99%。不同类别医院中，民营非营利医院的病床使用率高于联邦政府医院和州及地方政府医院病床使用率（69.1%、66.0%和66.7%），营利性医院的病床使用率比其他机构低了近10个百分点（59.6%）。[2,5]

截至2009年，根据美国医院协会的统计，美国非营利性医院总计2 918家，占全部医院总数的50.4%，其余49.6%为政府医院和营利性医院。[6]公立医院包括各级政府和公立大学办的医院，由政府拨款，约占美国医院总数的30%；私立医院有非营利性和营利之分，分别占医院总数的约55%和约15%。[7]

---

① 总和不为100%原因：这里只列出了所占比例较大的联邦医院和非联邦医院中的社区医院（非营利、营利州或地方政府医院），并不包括所占比例较小的监狱医院、学校医务室、精神病医院，戒毒医院等并不向全体公众开放的医院。

社区医院是美国医院的主体，共有 5 015 家，拥有床位数占总床位数的 83.0%。社区医院分三类，即非营利性医院、营利性医院、州及地方政府医院。非营利性医院由教会或其他非营利性组织运营，占医院总数的 50.3%，拥有床位数占全国总床位数的 58.0%。营利性医院是由个人、多人合伙或公司运营并以营利为目的的医院，拥有床位数占总床位数的 11.2%。[3]

从医疗服务提供角度看，私立部门在美国医疗服务系统中占主导地位，虽然三级政府均有公立医院，但美国政府对私立医院也给予了很大支持。据 20 世纪 90 年代一项调查，政府资助平均占私立医院收入的 8%，在某些州这个比重高达 20% 以上。美国医院协会在一份报告中说，公费支持私立医院是美国的“一大特色”。医院所有制形式呈现多元性，从总体上可分为公立、非营利和营利三类，以非营利性医院为主体。美国现有营利性医院仅占 13%，大多数医院以非营利为目的。三大类医院之间可根据医院的意愿相互转化，每年均有非营利性医院转变为营利性医院，或营利性医院变为非营利性医院；政府可购买非营利性或营利性医院为公立医院，政府医院也可以转制为营利性医院。[3]

第 2 节　非营利性医院的注册、准入、免税资格的认定、兼并或合并、解散时的相关规定

2.1　非营利性医院的注册

非营利性医院属于公益性公司（Public Benefit Corporation），其申请程序简单，一般而言，90% 以上的申请会得到批准。申请程序包括发起人制定章程、确定董事会成员及填写申请表。

（1）填写申请表。申请表的构成简单，主要包括申办人姓名、住址、组织宗旨及内部结构。申请表交由州内政司批准（Secretary of State）。

（2）取得医疗职业方面的行政许可。

（3）缴纳手续费。申请表符合要求，则申办人需缴纳 425 美元手续费。

（4）批准。缴纳手续费后，该非营利组织便申请成功。而且一旦在联邦政府申办成功，地方各级政府基本上一路绿灯。一经批准，非营利组织可永远生存下去。

（5）免税资格申请。该组织如需免税，则需到联邦税务局申请免税资格。

根据《美国国家税收法》第 501 条第 3 款规定，非营利性医院必须具备以下四个条件：

（1）非个人利益性机构；

（2）不得参与政治活动和与医院业务无关的集团活动，不得接受政治性捐款；

（3）不得进行资产分配和支付额外工资；

（4）关闭时不得对私人分配资产。

另外，如果营利性医院申请转为非营利性医院的，必须报送以下有关资料：

（1）医院设施的评估；

（2）说明医院原持有人与现组织理事会之间的关系；

（3）列清营利性医院医疗人员与优待对象的姓名以及转为非营利组织以后所有医疗人员的姓名；

（4）列出医院转为非营利组织以后继续在医院内租用诊室的所有医生姓名以及所付租金，并附上被租诊室公平租赁价格的评估。

2.2 非营利性机构的准入（成立步骤）

第一步：查询本州的《登记条例》，以确定企业名称是否可用。州政府人员会在网上免费提供此项服务，加利福尼亚州需要出示书面文件。

第二步：依据该州州务卿（State's Secretary of State）的要求起草公司成立协议，其内容包括非营利性医院的资格和目标。

第三步：完整的公司成立协议、申请表及相关费用需提交至州务卿处存档。公司协议须所有出资者签字。等拿到公司成立协议通过通知和正式纳入信（Official Incorporation Letter）之后就可以进行免税方面的工作。

第四步：规定公司内部章程。内部章程规定该组织工作方式，通常决定董事会人数，确定董事会召开频率，对机构组织、经济程序、会计和其他运营程序也有明确规定。所有州都要求公司有内部章程，但是内部章程无须到政府存档，并且对内容没有标准要求。免税申请表里需要一份内部章程复印件。

第五步：向国税局提交联邦免税申请。申请档案里至少需要两份表格，三份文件。两份表格中，1023 号申请表是依据《美国国内税收法》第 501（c）（3）条的规定，申请免税，SS-4 号申请表则用于申请机构法人登记号；三份文件包括批准的公司成立协议、正式纳入信和公司内部章程。如果需要律师或者会计代替本人到国税局进行申请，则须填写一份完整的 2348 号表格（委任书和机构代表人证明）以及 8823 号表格（纳税情况调查授权）。

第六步：接收到国税局的免税批准信件后，向州政府提出免税申请。州政府大多数情况下参考国税局的决定，所以向州政府申请时要携带国税局的批准信件。很多州的申请表、申请指南在网上可以获得。

第七步：使用相关已批准文件，以公司的名称开一个银行账户。公司的资金与董事资金必须分开存放，政府法和联邦法对此有严格的要求。

第八步：招募员工，呼吁社会捐赠，组织活动。对资金的使用要有明确详细的记录。

2.3 非营利性医院免税资格的认定

凡是申请税收优惠的国内非营利机构，都需向美国国税局申请免税资格。为取得这个资格，该机构必须通过组织测试和运行测试。

（1）组织测试：其一是该机构的工作目标，这按照其《税法》第 501（C）（3）条进行审查；其二是组织消亡时，其财产转移方式是否符合慈善目的。上述两点均需清楚地写入该机构文件。

（2）运行测试：对该机构的活动进行审查，不得为私人谋利，不得从事被禁止的政治性活动，否则不能免税。

凡申请免税资格的机构，要如实地填写美国国税局要求的 1023 表，且还要填写所在州税务局的相应审查表格。1988 年的《美国联邦税法》还规定，所有要求免税的机构，有责任在上班时间向公众提供交给国税局审查的近3年的年度报告的主要信息（即990表或990—PF表）、要求免税的申请和做出决定的文件。

对于非营利机构完成申请事项还有时限要求，在申请未获准之前，该机构需照章纳税，获准后可以退税。

美国宪法修正案和1913年税法都免除社团所有收入的所得税。但是免税不等于不进行税务管理，特别是收入额达到一定的法定数额，还要向国家的税务机关进行报告。例如，美国法律规定，年收入超过2 500美元的社会团体，必须向国家税务局提交年度报告。

美国的税收管理体制分为联邦、州、地方政府三级。联邦税制是以个人所得税、社会保险税、公司所得税为主，美国联邦税法第501条根据组织活动宗旨，区分了25种可以享受豁免联邦所得税的非营利性组织。

（1）这25种团体应按照所在地税务机关规定的格式提出申请书，非经所在地税务机关批准，不能作为非征税团体。

（2）非征税团体每年应依照规定格式提出资料申报表。

（3）这些免所得税的团体，若经常性兼营与法定免税事业没有实质关系的事业，该无关联事业将按照一般公司所得税率征税。从无关事业总所得中扣除直接费用后，为征税所得。其征税所得在1 000美元以下者免税。[8]

2.4 关于非营利性医疗机构兼并或合并（定义、条件和步骤）

非营利性医疗机构兼并或合并是指，在共同非营利性医院服务公司法和非营利性医疗服务公司法范围内的任意非营利性医疗服务公司的行为，包括：

（1）兼并或合并任何其他非营利性医疗或医院服务公司。

（2）如果州法或地方法授权，任何非营利性医疗或医院服务组织可以合并或者兼并国内同一行业，对于任何其他非营利性医疗或医院服务公司的兼并或合并将在下列条款中提及。

（3）通过兼并或合并，与非营利性医疗或住院服务公司或它们的组合的方式和目的一致的行业，将以非营利性医院的组织方式和社会目标，获得许可和授权经营。

合并和兼并应在一定的条件和限制下进行：

（1）把各非营利性医疗组织董事的权利写入联合协议。

（2）整合各非营利性医疗组织章程中关于兼并和合并的部分，整合后的兼并和合并的条件应包括：组织运营模式、存续组织或新组织的名称、首任董事和首任职员的数量、职称和居住地等其他详细条件。

（3）以上两条须由保险业监理专员（Commissioner of Insurance）批准才能生效。

非营利性医疗机构兼并或合并的步骤：

在各公司的董事会同意合并或兼并的情况下，首任董事需携带联合协议并在保险业监理专员的陪同下提交一份经核查的联合申请表，一式两份，包含以下内容：

（1）协议原件的两份复制件。

（2）各组织原董事的宣誓书，证明已遵守法律要求。

（3）存续公司或新公司须是国内企业的证明，如果任何非国内公司作为合并或整合的一方，则依据国家或地区的法律，该非国内公司注册成立需获得官方批准证书，才能进行合并或者兼并。

（4）一则证明委任保险业监理专员的继任者或职位的继任人为合法代理人的法律法规，此规定与 KSA 40-218 有相同的法律效力，此处作为修正案。

（5）兼并的情况下，存续公司（Surviving Corporation）的整合条款修正案。

（6）合并的情况下，注册成立的新公司（the New Corporation）章程的副本；如果是一个非国内公司，相关章程须经公务机关审核，并在公务机关和户口所在地存档。

（7）各公司在申请合并或整合的日期前 30 天内做出财务报表。

2.5　非营利性医疗机构破产解散时资产处置办法

世界银行组织编写的《非政府组织立法原则》规定：组织的净收入或利润不得以任何形式分配给任何个人；组织清算或终止存续时，不得将资产分配给任何董事、员工、会员、创立人或捐助者。1993 年，联合国、世界银行和经合组织等共同编写的《国际经济核算体系》中，明确规定非政府机构必须受到社会和政府的严密审视，有相应的财务制度和监督制度，组织的“所有权不能是私有的，财产不能在市场交易，不能强迫兼并”。

美国法律在此方面的规定遵守了这一原则，加利弗尼亚州《非营利法人法》第711条规定，非营利法人可以为任何合法目的而成立，只要法人不可撤回地将资产用于慈善、宗教或公益事业，并且按照法律或法人章程，在法人解散时，将资产交给从事慈善、宗教或公共目的的人。明尼苏达州《非营利组织法》中关于非营利组织解散时财产的分配是这样规定的：从事慈善或公益事业的非营利组织解散时，首先公司的财产不能偏离这些财产被接受和掌管时所要求的用途和目的，或偏离最初捐赠者的目的。在支付解散诉讼程序中的开支和花费后，要先支付组织的贷款、应付款和债务，剩余财产的分配要遵守501、B31的规定，B31的规定就是最近似原则，这个条款授权地方法院在捐助者指定的目标不实际、不可行的情况下，选择一个最近似的目标来实现捐助者的意愿。所以，非营利组织解散后，其剩余资产只能由当地法院决定用于同类的慈善和公益部门，捐助人或委托人都没有权力收回投入到非营利组织的资金。[9]

第3节 非营利性医院的筹资

3.1 捐赠

社会捐赠分为个人捐赠、企业捐赠和基金会捐赠。美国非营利性医疗机构吸引个人和企业捐款的方式多种多样：采用拍卖会，医疗机构向富人发送邮件，向出院患者发信募集，对大宗捐款者成立俱乐部定期组织活动，邀请一些有资历有影响力和关心医疗机构发展的人进入董事会。有些医疗机构成立基金部吸引公益捐赠或信托基金。

美国非营利组织发展得成熟完善，而且分工已经达到很高水平。有一类非营利组织是资金组织，主要功能是筹措资金、管理资金和向其他非营利组织提供资金，这种资金组织存在形式是基金会、联合筹款组织、专业筹款人或机构。这类资金组织的捐款是非营利性医疗机构资金的重要来源，甚至很多非营利性医疗机构是某基金会的经营实体。

美国政府有鼓励捐赠的传统和政策，美国联邦所得税中规定：个人、公司或信托公司（基金会）向慈善组织捐款，捐赠者可以从应税所得额中扣除相应部分；《美国国内税收法典》第170条就捐赠人、捐赠物和受赠对象所享受的优惠等给予了详细的规定，州法律也同样规定慈善捐赠可享受税法的减免待遇，还规定了一些要享受减免税权必须遵守的额外规定和要求，以鼓励和规范捐赠行为。

捐赠资金进入非营利医疗机构有两种法律形式：捐赠和公益信托。资金进入的法律形式决定了这部分资金使用和退出的规定。根据英美的法律原理：捐赠行为发生以后，捐赠者不再是所捐资产的所有者。但是，这种捐赠是一种保留权利的捐赠，捐赠者拥有部分产权，即具有一定的监督权力，但捐赠者对捐款没有索取权；捐赠行为是一种目的性赠与，受赠人应该遵从捐赠人关于财产用途的意愿，如果受益的非营利组织没有遵从，就构成对捐赠人意愿的违反。根据上述捐赠的法律含义，捐赠人将财产捐给非营利性医疗机构或基金会后，没有权利对捐赠后的资金进行支配或要求退出捐款，但对资金使用有监督权，甚至可以联合其他捐赠者要求注册会计师对非营利性医疗机构账目进行审计（美国威斯康星州规定），如果非营利性医疗机构没有把基金用到捐助人指定的医疗事业上，捐赠人可以提出诉讼并请求返还不当得利。美国非营利性医疗机构发展离不开基金会，他们或者是吸引基金会的捐款，或者是医疗机构本身就是基金会的经营实体。

美国的许多基金会的资金来源是以信托形式进入。如果信托的目的是公益事业，比如发展医疗事业便是公益信托。公益信托与捐赠的不同之处在于：公益信托的受托人只有占有、管理和处置信托财产的权力，信托财产的利益归属于受益人；而在捐赠中，捐赠人向受赠人履行给付义务时，捐赠财产的所有权转移给受赠人，受赠人有占有、使用、收益和处分的权力，但是，要求受赠人必须将收益用于捐赠人指定的目的。另外公益信托形式更灵活，比如公益余额信托。运作这类信托时，受托人对财产进行管理或投资，使之产生收益，信托资产的收益可以在指定期限内支付给委托人，但信托财产本金和指定期限后的收益就只能支付给慈善公益事业。《美国信托法重述》第348条对公益信托的定义是：公益信托是关于财产的一种信托关系，在这一种关系中，其财产意图创造此一财产的意思表示而产生的效果，同时委任一人保管该财产，其负有为慈善目的而处理财产的责任。公益信托一个重要的理念是信托财产的独立性，这是指信托一旦有效成立，信托财产就从委托人、受托人以及受益人的自有财产中分离出来，成为独立运作的财产，仅仅服从于信托目的。公益信托区别其他信托的重要原则是力求近似原则，公益信托存续期无限，以“尽可能类似”的原则延续而不因受托人的变故而终止。即使信托目的已经实现，也适用于类似原则，将剩余的信托财产用于类似的公益目的。关于公益信托资金退出问题，美国法律明确规定：公益信托是不可撤销的信托，一旦委托人设立了一个公益信托，他就不能改变主意并且重新取得对信托财产的法定控制权；而且，委托人死亡之后信托本金归属指定慈善机构，所以，美国非营利性医疗机构取得的资金，无论由个人、社会或基金会捐赠还是通过信托托管，都是不可退出的。

3.2 债券

医疗机构要谋求技术进步和自身发展需要大量资金，捐助只是小部分，非营利性的定位不允许非营利性医疗机构进入股票市场，只能利用债券市场，向银行贷款或者发行债券来筹资。美国从20世纪70年代始，非营利性医疗机构不再依靠政府直接补贴，开始通过在民间发行医疗机构债券来筹集资本，这种债券叫医疗机构免税债券。该债券认购者获得的利息免交所得税。

非营利性医疗机构免税债券属地方债券（市政债券）的一种，在美国是一种很受欢迎的避税投资方式，发行主体限于州或州以下的政府机构，资金主要用于非营利性医疗机构基本建设。发行债券的医疗机构必须事先接受评审机构的等级评定，以确定债券的偿还期和利率标准，达不到相应级别不准许发行债券。医疗机构为了提高发行等级或者提高发行利率，一般通过信用补充机构来提供帮助，如私人保险公司、银行和国家的固定资产管理部门。非营利性医疗机构债券免交利息税，政府参与操作，有利于吸引民间资本。债券的性质决定了投资者投入的这部分资金是按期收回的。医院债券由医院从收入中偿还，政府不承担还债责任。据美国医学会的调查，非营利性医院长期负债的基本建设经费约70%～80%是通过发行医院债券解决的，1999年全国共发行214亿美元。

非营利性医院发行债券，有的是多家医院连锁进行，这样可以降低发行成本，偿还期一般分为 15 年、20 年、25 年和 30 年，利率有固定性的，也有变动性的，还有采用固定和变动相结合的，利率从 0.3%～3% 不等。[9]

3.3 联邦政府

主要支付 65 岁以上老人、穷人照顾计划，政府的专项开支计划，医院低息贷款，军人医疗费用等。1987 年，美国政府支付的医疗费约为医疗总费用的 30%。1946 年起，政府对全国所有的医院进行经费补贴，包括非营利性医院。

3.4 州政府

主要支付贫困线以下穷人的医疗费用。

3.5 保险公司

如健康维持组织（HMO）按人头或定额收取保险人的医疗服务费用，1965 年实行了老年人免费医疗和穷人医疗救济制度，这些措施也确保了美国非营利性医院具有稳定的收入来源。美国医疗保险体系主要涵盖政府医疗保险、私营医疗保险和管理型医疗保险三大部分，详见图 1-1。

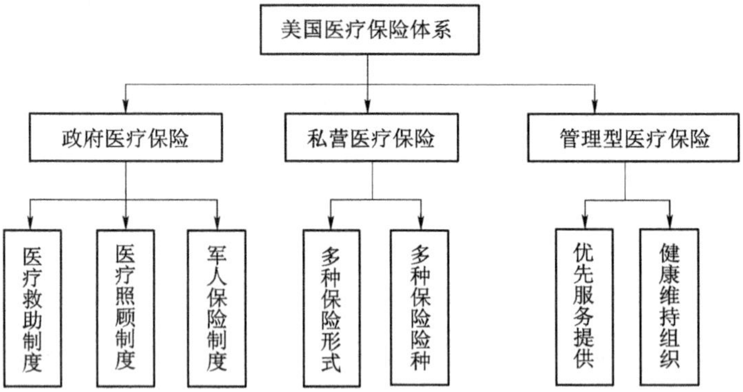

图 1-1 美国医疗保险体系

3.6 病人个人支付部分

1987 年，美国总住院费为 996 亿美元，占医疗总费用的 45.7%，其中个人直接支付 59.1%，其余为第三方支付。

第 4 节　美国医院的治理形式

20 世纪 80 年代初，美国公立医院吸收公司治理结构的特点，运行机制大多采用董事会领导下的院长负责制，对董事会结构进行了改革。医院主要由三部分组成：董事会、首席执行官（或院长）和医务人员。董事会是医院的决策机构，成员由来自各个不同阶层、职业和社会背景的人员组成，如工商界人士、大学教授、退休政府官员等，在聘用首席执行官时由全体董事投票表决。

美国民营非营利医院的治理形式和其他医院基本相同。这里再详细阐述一下。非营利性医院通常由理事会进行管理，理事会由医院行政官、医师和社区领导者通过定期选取组成，而院长则由理事会聘任。[10] 依据加利福尼亚州法律，通过董事会进行管理，董事会拥有法律权威，并且承担所有法律责任。多数情况下，非营利组织董事会由 5~18 名成员组成，他们精通于不同的领域。董事会应大至可获得最多的社会支持，也应足够精简，以保证效率。员工最好不要参加董事会，以防出现利益冲突。依据加州法律，董事会成员可获得一定的补偿，比如度假，旅行等；因多数情况下，董事会由志愿者组成。但不可否认，董事会中的技术人员，比如会计师、律师可以获得薪资报酬，但比率不能超过董事会总人数的 49%。

营利性医院与非营利性医院领导人的管理方式也逐渐趋于融合。非营利性医院以临床质量为重点；营利性医院依据客观数据分析，指定数字化目标，实现盈利的目的。在医院急速兼并和合并的时期，时间会证明传统的医院领导方式是否能继续，或者是否会出现更具兼容性的领导人员。依据斯坦福大学、明尼苏达州大学以及宾夕法尼亚州大学三方的学术研究报告：消费者普遍认为非营利性医院更值得信赖，但是能力不足；营利性医院能力较强，但社会关注度不够。此外，非营利性医院工作人员升职的原因一般是忠诚和信仰；但营利性医院却是由于工作能力。[18]

尽管每一个非营利性组织对其政策制定和执行部门的定义不同，但其各方面的职责比较起来也有相同之处，具体可见表 1-1：

表 1-1　非营利性组织的董事会与执行官（执行董事）职责比较表

职责	董事会	执行官（执行董事）
法律问题	① 行使受托人职能，保证该组织管理适当；董事会应有一机制验证来自执行官的信息 ② 保证企业地位；保证文书工作提交至政府机构 ③ 检查经济和商业交易，防止出现失职行为	① 为董事会提供信息，表明组织运行良好 ② 编订年度申报要求信息
经济问题	① 通过年度预算 ② 检查阶段性经济报告（资产负债表，收入情况，经济地位变动） ③ 保证公司内部井然有序	① 依据组织规模，准备年度预算 ② 负责阶段性经济报告的准备工作 ③ 实施合适的经济控制
计划问题	① 为组织确定工作任务和方向 ② 检查工作计划及进程，对工作计划做出评价	① 依据董事会的决定，制定具体的项目目标 ② 做报告（关于员工对项目发展的后续报告，展示项目进程）
政策问题	制定政策	实施政策
人事问题	① 选择办公室人员 ② 招募执行官并评价其表现 ③ 检查人事录用政策	① 实施人事管理政策 ② 招募其他人员，评价员工具体表现
资源开发	① 确立筹资目标和筹资参与人员 ② 确定筹资可行性	① 帮助研究调查和设立筹资目标 ② 指导员工协助筹资
董事管理	① 监督会议记录、出勤情况以及是否有失职行为 ② 招募新董事会成员	① 办公室人员可帮助准备、发放会议记录 ② 可以建议新人名单

第5节　非营利性医疗机构的强制性要求

5.1　医院董事会成员的相关要求

美国医院董事会的主要职责包括：参与制定医院的战略规划；审批医院重大人事与薪酬政策和财务政策；聘任和考评医院院长；审批医院年度财务预算；监督医院资源使用情况；对医疗服务质量负最终责任。公立医院的董事长及大部分董事由政府任命，少量董事通过医院所在地社区民主选举产生，董事会成员一般任期为3~4年，可以连任。公立医院董事会平均每年召开10次左右的全体董事会议，每次大约半天左右。首席执行官（或院长）是负责实施董事会决议的管理人员，由董事会任命，全面主持医院的各项管理工作并对董事会负责。在公立医院中，首席执行官虽然列席董事会议，但是直到20世纪80年代末才在董事会中获得投票权，真正控制医院的仍是董事会。首席执行官可以任命数个副职，以分管不同事务。医务人员在医疗机构中是作为一支独立的自治力量而存在的，除了在医疗质量上对董事会负责，医院的首席执行官对管理人员和护士发布有效的行政命令，而医生更多的是遵守医师协会的规章制度而不是医院的行政管理，绝大部分医生不是医院的雇员。20世纪70年代后期医生开始逐步进入董事会，参与医院的管理和制订董事会的决议，并对诊疗过程中出现的过失行为承担一定法律责任。董事会、首席执行官及医务人员之间存在相互作用和影响。董事会有法律授予的权力，决定首席执行官的雇用，但是首席执行官可以通过所掌握的信息对董事会施加影响。[11]

5.2　医院的内部管理

医院设立管理委员会，有两个执行委员会，一是医疗执委会，下设诸如内科、外科、急诊委员会，药事委员会，感染控制委员会，质量控制委员会，医疗资格委员会和教育委员会等；二是行政执行委员会，下设诸如空间委员会和采购委员会等。医院各方面的问题一般不是先由院务会讨论，而是必须先向相关委员会反映，由各委员会接受、整理、讨论、提出建议并上报院务会审议通过。

医院人事制度全部实行公开招聘、逐级雇佣办法。除一些政府医院外，医师通常不是医院的雇员，医院各医疗部门的负责人必须由全体医务人员选举，从医师中产生，医师在医疗工作中具有的职权范围由院务会提出并提交董事会批准。

5.3 细化公益服务方面的相关规定和要求

按照美国《财政部国内税法》（Internal Revenue Service，IRS）第501（C）条的定义，非营利机构必须以IRS第501（C）（3）条设定的一个或多个目的来组织和运行，并且其利润不能属于任何利益方或个人。此外，非营利机构从事的主要活动不能试图影响立法，也不能参与竞选活动或反对政治候选人；IRS的501（C）（3）条款对非营利机构所设定的目的主要包括：慈善、宗教、教育、科学、文化、公共、安全、保护儿童和动物、推动国内和国际非职业运动竞赛等。这些组织也通常被称为慈善组织（Charitable Organizations）。根据该条款，民营非营利医疗机构为：（1）它的经营目的是为了公共利益而不是为了私人利益；（2）不得参与和医院业务无关的集团活动，不进行政治活动，不接受政治性捐款；（3）不得进行资产分配和支付额外工资；（4）如果需要破产清理，其资产将继续用于慈善目的，不得对私人分配资产；（5）非营利性机构享有税收豁免；（6）非营利性医院捐助者享受税收减免待遇（Tax Deductible Donations）。[10]

第6节　非营利性医疗机构的产权组织形式

6.1 美国医院的产权制度

美国医院的产权制度和美国企业的产权制度没有什么不同。美国的市场上有两类企业，一类是营利性企业，另外一类是非营利企业。美国没有“民营医院”这个词汇。不是政府办的医院都是私立医院。私立医院就都是非政府组织，也就是企业。如果是营利性的医院就叫做营利性企业，如果是非营利性医院就叫做非营利性企业。

6.2 美国医院的产权组织形式

在美国，医院按照企业分类，要了解美国医院的产权制度，必须首先了解美国各类企业的产权组织形式。

美国有三种主要的企业产权组织形式：独资企业、合伙企业以及公司。由于大多数医疗机构称为公司，包括非营利公司，我们将集中研究公司这种形式的组织。但也有许多个体开业的医师是独资经营的，还有采取合伙制的联合诊所。

6.2.1 独资经营的企业

独资经营企业是个人所有的企业。美国办独资企业比较容易。但是，在大多数城市，即使是最小的医师诊所也要有行医执照。独资经营有两个优点：（1）比较容易办，花费比较少；（2）这种企业可以不付公司所得税，企业的全部收益，不论是用于企业的再投入，还是由老板拿回去，都要由老板缴纳所得税。一般情况下，独资经营的纳税总额比较低，因为公司的利润要缴纳两次所得税，即公司所得税和个人所得税。但是，在某种情况下，公司可以比独资企业享有更多的税收优惠。

独资经营有三个主要缺点：（1）除非老板很富，否则这种企业的规模不可能很大。（2）独资企业主对企业的债务承担无限的个人责任。发生的损失可能会大于企业的自有资本。（3）企业的寿命受企业主寿命的限制。因此，独资经营的组织主要限于那些小企业，如医疗保健人员的独资开业。但是，许多公司是从独资经营开始办的，当这种企业成长起来，使独资经营的缺点超过了它的优点的时候，就转化为公司。政府医院和独资企业有些相似，政府承担的是无限责任。

6.2.2 合伙经营的企业

两个以上个人（或组织）联合在一起办成一家非公司制的企业，称为合伙经营企业。合伙经营的正规程度差别很大。有很不正规的，只有口头协议；有很正规的，签署合同文件。与独资企业类似，合伙企业的主要优点是成本低、容易办；缺点是：（1）无限责任，（2）经济实体只有有限寿命，（3）所有权的转移比较困难，（4）扩大经营比较困难。纳税的方法和独资企业类似。合伙企业的收益在合伙人之间按资分配；纳税额也是如此分配。只缴纳个人所得税，不论收益是分红还是再投入，均需缴纳个人所得税。许多联合诊所采取合伙制，也有许多联合诊所实行公司制。

关于无限经济责任问题，合伙经营可能对合伙人的个人财产带来风险，即使是没有投入企业的个人财产也要承担企业债务的经济责任。有的合伙企业中的某些合伙人只承担有限责任，叫做承担有限责任的合伙人，但是每家合伙企业都要有一个总合伙人来承担无限责任。企业出资人中存在有限责任合伙人的合伙企业比较普遍，而在合伙的医疗机构中，很少有这种合伙形式。但是，有报道美国、英国和加拿大都有公立医院吸收私人资本合伙办院。如果政府承担无限责任，则合伙的私人资本是承担有限责任的合伙人。

由于上述缺点，独资企业和合伙企业在需要快速发展的环境下显得很不适应市场机会。政府办的公立医院也是如此，美国的公立医院同样面临这个问题。所以，由此可见，中国的政府医院也面临这个问题，这个问题不是中国国情，而是独资企业和合伙企业的通病。

6.2.3 公司制度

公司是一个法人实体，它把所有者和经营者分开并加以区别。作为独立经营的法人实体，公司具有三个主要优点：（1）公司可以有无限的寿命期：公司在其第一任所有者和经理人去世或离开公司以后可以继续存在下去；（2）公司比较容易转移所有权，因为它的所有权分解成股份，这些股份比较容易出售，至少大公司的股票比较容易出售；（3）公司的所有者只承担有限责任。[8]

第7节 民营医院相关的税收和医保政策

一般而言，美国的税收主要包括联邦政府开征的个人所得税、社会保障税、公司所得税、遗产与赠与税、消费税和关税，以及州政府与地方政府征收的其他相关税种。其中，州政府征收的主要税种为销售税，地方政府的主要税种为财产税。

在美国，公司按照州法律规章组建，并分为三类予以课税：普通公司、S公司和特殊形式公司。大多数州明确规定医疗卫生行业属于特殊形式的专业服务公司。美国的营利性医院可免除地方政府开征处方药和医疗服务的销售税，但一般需缴纳联邦、州、地方三级政府开征的其他税种，主要包括联邦政府及州政府征缴的公司所得税、财产税等，所获得的税收优惠，与其是否提供社会保险覆盖服务无关。但另一方面，营利性医院对所获取的利润可以随心所欲进行分配，其中包括给管理层和雇员优先认股权和给持股者分红。[12]

民营非营利性医院属于公益性公司。按照税法规定，该类医院在申请注册非营利组织成功后可至联邦税务局申请免税资格，且申请程序极为简单，90%以上的申请能得到批准。申请成功即可享有符合《法典》第501条规定的免税政策，即免纳公司所得税、州政府的销售税、地方政府财产税。此外，当非营利性医院从债券市场筹集资金时，其发行的债券也免税。IRS明文规定承担公益性社区服务是获得税收优惠的条件，因此美国对民营医院的税收主要与民营医院是否承担社区服务相联系。如果非营利医院未能完成相应的公益性社区服务，就会面临取消税收优惠的指控。如2004年，伊利诺伊州香槟地区委员会计划取消拥有6所医院的Povena Covenant医学中心的财产税免除待遇，州财政部拟举行听证会以支持该计划。随后，康尼迪格州Yale-New Haven医院也因为没有向无保险人口、低保险人口或贫困人群提供足够的慈善性社区医疗服务而面临法律诉讼。众议院税赋委员会（Ways & Means Committee）会调查纳税人是否从非营利性医院得到应有的服务。美国无论营利性医院还是非营利性医院，只要接受社会医疗保险（Medicare和Medicaid）在特定服务价格及质量方面的要求，就可以与社会医疗保险机构签订合同，成为其合同医院。[12]

第8节　非营利性医疗机构的政府管理和监管

8.1　对非营利性医院的监督管理

8.1.1　法律规定

美国法律要求公益性组织的财务状况向全社会公开。如在加州，公益性组织必须根据联邦政府、州政府的要求，分别向联邦国税局、州税务局、信托登记处提供年度财务报告。

8.1.2　税务管理

对非营利性医院进行监督管理要区分非营利性机构经营活动的相关性，以实施对与其相关的可免税的经营活动给予免税的规定。

首先，从经营目标上予以区分，美国国税局审查非营利机构的经营活动是为了慈善目的还是市场目的，为市场运作的那部分要纳税；如果该组织经营目标完全转变为市场目标，就要全部纳税。国税局除了每年抽检之外，对那些需要特别关注的案例会一直追踪到底。如发现非营利机构违背其目标，从事营利活动，国税局可以吊销其免税资格，州内政司撤消其登记执照。

其次，判定经营活动与非营利机构自身工作的相关性。

8.1.3　组织管理

美国每个州都设有管理非营利机构的组织。在加州就设有慈善信托登记处和慈善信托法律和审计部。

慈善信托登记处负责：

(1) 收取和处理所有公益性公司的慈善信托人提交的财务报告等信息。

(2) 接待要求查看这类文件的公众。

(3) 记录来自公众的对慈善机构的投诉，并转交给后者处理。

慈善信托法律和审计部由律师和审计员组成，负责：

（1）对非营利机构滥用资金和欺诈行为以及错误管理进行调查和审计。其调查结果转交市法院以防备某些人转移资产。

（2）审查和实施有关非营利机构合并、财产出售、人员待遇、机构借款以及章程修改等项事宜。

8.1.4 州检察长管理

州检察长的角色不同于国税局，他代表所有慈善机构的公共利益，其责任是调查和审计慈善机构，发现其领导人或信托人的错误管理、转移资金甚至欺诈行为。如果由于非营利机构领导人的不当行为丢失了慈善财产，检察长可以控告并要求赔偿。这笔资金将由检察长负责追回，并还给慈善机构。

州检察长负责指导上述两个管理机构的工作，并根据“登记处”提供的公众投诉信息，要求“法律和审计部”进行调查。

在蒙大拿州，州检察长负责管理非营利性医院以及它们的基金会，并且保证医院实现慈善义务。自 2006 年 9 月起，州检察院办公室开始检查医院以下三方面的工作：（1）权衡政策（依据医疗保险覆盖人群的变动）；（2）慈善政策及工作；（3）坏账汇总情况。[19]

8.1.5 自律

（1）按行业组建的全国性团体制定有关行为准则。如美国红十字会、美国医学会、基金会协会等全国性协会，分别制定了行为准则或道德准则，供有关公益性团体执行。

（2）民间非营利组织评估机构管理。主要评估机构有全国慈善信息局、商业局协会等。

（3）组织内部监督管理机制，包括完善财务会计制度、加强理事会对财务工作的监督等。[13]

8.2 对医院的监管

相关资料和文献也从总体上对美国医院的监管形式进行了阐述，可以和非营利性医疗机构的监管形式进行对照。

在联邦一级，对医院的监管主要是国家医疗补助和救助服务中心（the Center for Medicare and Medicaid Service，简称 CMS）。国家医疗补助和救助服务中心的监管主要是通过设定医院准入条件的方式实现的，也就是说，医院若想进入国家医疗补助和救助服务网络，就必须符合国家医疗补助和救助服务中心设定的准入条件。

一般情况下，国家医疗补助和救助服务中心通过以下两个途径了解准入条件的执行情况：（1）经过医疗机构认证联合委员会认证的医院，在法律上即被认为符合了准入条件，不需要再调查；（2）国家医疗补助和救助服务中心与州政府医疗许可和核证机构（State licensing and Certification Agency）签订合同，委托其进行监管。联邦一级负责医院监管的机构还包括医疗同行审查组织（Medical Peer Review Organization），这也是一个非营利组织，创立于20世纪70年代，资金主要来源于国家医疗补助项目。该机构主要通过与国家医疗补助和救助服务中心签订委托监管合同的方式进行监管，监管对象主要是国家医疗保险网络中的各类医疗机构，监管领域主要集中于医院的服务质量与病人的申诉调查。

州政府同样在医疗方面同时有监管和公共健康服务责任。州政府对医疗的监管主要是对医疗人员和医疗机构而言。在医疗人员方面，州政府负责审查医疗人员的资格调查、考试、执照、继续教育标准、处罚等事务，通过严格管理医疗专业人员的职业许可和标准来保证和提高医疗质量。以佛罗里达州为例，州健康医疗部（Florida Department of Health）下属医疗质量保证部（Division of Medical Quality Assurance）负责对持有40个不同医疗专业200多种不同执照的86万专业人员进行执照管理。这个部门协同28个由州长任命的相关行业的委员会具体管理这些专业人员的资格和执照。州政府根据州法律管理各种医疗机构的经营许可证，负责管理审查这些医疗机构的财务状况，保证其正常运转以提供服务。

另一类民间组织是病人权益保护组织、消费者保护组织和其他公民组织，这些组织站在病人和消费者的立场上，告知他们的权利，代表他们与医疗机构沟通和协调，提供有关疾病的资料，组织病人间的互助团体，就相关的立法和执法事宜与政府部门进行协调和呼吁，从客观上也起到了对医疗监督的作用。主要的病人权利组织有病人权益基金会（Patient Advocate Foundation）、全国病人权益基金会（National Patient Advocate Foundation）和全国乳房癌联盟（National Breast Cancer Coalition）等围绕某类疾病组成的民间组织。

医师协会也发挥了监督医院的作用。比如医生为病人提供诊治服务，医生做的每一件事都有一个五位数字的代码，叫做“当前诊治专用码”（Current Procedural Terminology，简称 CPT Code），由全美医学会负责制定，每年增订公布。医生按代码收费，所有付费机构或个人都按照代码付费。医生用什么代码都要有病历和诊断依据为凭证，接受医师协会监督和政府的审计。这样严格透明的管理把治疗的过程标准化、规范化、透明化，做到有据可查、责任明确、收费可比，极大地减少了治疗的不规范和收费的随意性。

非政府监管机构发挥了更为重要的作用，其中最重要的就是医疗机构认证联合委员会，联邦政府和州政府的监管机构也大量采用了医疗机构认证联合委员会的认证。医疗机构认证联合委员会建于 1952 年，属于独立私人非营利组织。该机构的目标是不断提高医疗服务的质量和安全，并且通过认证促进医疗机构改善绩效。该机构的运转由理事会负责，理事会成员都是美国医院协会、医疗协会、医科学院选派的代表。医疗机构认证联合委员会负责认证多种类型的医疗机构，但主要是医院。根据《联邦医疗保险和医疗救助法案》规定，共有 4 500 多家医院需要得到其认证，约占医院总数的 80%。同时，医疗机构认证联合委员会的监管领域也很广，几乎涉及了医院绩效的各个领域。医疗机构认证联合委员会每三年对医院进行一次检查，检查时间大概为 4~5 天。在调查结束后，检查小组会出具一份关于标准服从情况的报告，提出相应的改进建议。简要认证报告要向公众公布，完整报告则要保密。医疗机构认证联合委员会一般采用遵守导向的（Compliance-Orient）监管模式，强制措施只是作为最后的处理手段。实际上，95% 以上的医院都能达到认证标准，而认证否决是唯一的正式制裁措施。[9]

8.3 对疗养院的监管

美国大概有 1 600 多万人生活在疗养院（Nursing Home）内，其中大多是老年人和那些因为健康问题而不能独立生活的人群。93% 的疗养院是私人拥有的营利性组织。对疗养院的监管也分为联邦、州和非政府组织三个层面，但是，联邦和州政府在疗养院监管中居主导地位，非政府组织则处于辅助地位。1987 年《疗养院改革法案》（the Nursing Home Reform Act）出台。目前，联邦和州政府对疗养院的监管安排基本如下：国家医疗补助和救助服务中心负责设定疗养院的准入条件，要求参加国家医疗保险和救助项目的疗养院必须符合国家医疗补助和救助服务中心设定的准入条件；州许可核证发放机构则负责检查疗养院对国家医疗保险和救助服务中心准入条件的遵守情况，并向国家医疗补助和救助服务中心报告检查结果；国家医疗补助和救助服务中心与州许可核证发放机构共同负责对不符合条件的疗养院采取强制措施，以促使其改正（见表 1-2）。[9]

表 1-2　　　　联邦和州政府对疗养院的监管安排比较表

特征	国家医疗保险和救助服务中心、州许可和核证机构
监管机构	两者联合对疗养院进行监管，前者向健康和人权服务部以及国会负责；后者对国家医疗保险和救助服务中心以及州政府和州立法机构负责
监管目标	促进提供及时、经济且质量有保证的健康服务
监管范围	大概有 17 000 家疗养院是由州监管机构代表国家医疗保险和救助服务中心进行许可和核证；对疗养院绩效的大多数领域进行监管；州监管机构还负责监管没有参与国家医疗保险和救助项目的疗养院
监管模型	警戒主导型；监管重点放在发现缺陷、罚金、制裁；调查程序高度具体化和结构化
指导方式	国家医疗服务财政部门操作手册列出了疗养院参与国家医疗保险和救助项目的具体条件；另外，很多州还拥有自己监管疗养院的立法和规则
检查方式	年度认证：认证调查时不事先通知，随时进行，主要调查不足（参与条件不符合的领域）
强制措施	只有 18% 的疗养院没有缺陷；其余 82% 的有缺陷的疗养院中，每个疗养院大概都有 6 个方面的缺陷，疗养院被要求弥补改正，或者面临其他制裁，包括：罚金、拒绝支付、吊销许可等

在联邦一级，由健康和人类服务部（the Department of Health and Human Services）发起的长期督察员项目（Iong-term Care Ombudsman Programe）也是监管疗养院的重要力量。该项目在每个州都设立了督察员

办公室，主要职责包括：受理申诉、提供新信息、公开长期保健项目中存在的问题、代表病人的利益促进政策的改善、推动与鼓励公众参与。

医疗机构认证联合委员会是长期保健项目中最主要的非政府监管力量。由于医疗机构认证联合委员会的认证并没有得到政府的支持，疗养院即使得到了医疗机构认证联合委员会的认证，仍要接受政府的监管。因此在疗养院监管中，医疗机构认证联合委员会并没有发挥太大作用，其覆盖率仅为10%。联邦政府和州政府对疗养院的监管成效到底如何？对此，美国学界和业界存在争议。有些报告指出，很难评价疗养院的监管到底取得了多大成效，因为在疗养院的监管中存在以下问题：第一，因所有的疗养院都受到监管，所以缺乏可比性，只能考察时间序列下纵向的疗养院绩效变化；第二，监管程序本身在很大程度上影响了疗养院的绩效数据，因此很难辨别服务质量在实质上的变化。然而，也有人认为疗养院服务质量在过去的10~15年内得到很大改善，并且至少有些改善是由监管改革带来的。但是这些意见也分化成两个阵营：一方认为，由于仍然存在很多质量问题，应该继续加强监管，采用更为严格的标准和强制措施；另一方则认为，目前监管负担已经相当沉重，不利于疗养院服务质量提升，应该简化或减少监管。[14]

第9节 非营利性医疗机构转化为营利性医疗机构的规定

美国非营利性医疗机构和营利性医疗机构之间可以相互转换，在非营利性医疗机构向营利性医疗机构转换中，会涉及非营利性医疗机构资产的评估和转移。目前，随着竞争的加剧，非营利性医疗机构的经营者为了获得更多发展资金，提高医疗机构运作效率，减少生存和发展的压力，开始将非营利性医疗机构转化成营利性医疗机构，这个过程中资金的处理方式有3种：第一种是资产的拍卖，典型的方式是通过拍卖固定资产、名称和账目来换取资金、股票和其他财产。接受方往往是原来的非营利性基金或新建的基金会。第二种方式是组建有限公司，一般由非营利性基金和营利性投资者共同组成一个有限公司，非营利性医疗机构一般用其资产做抵押进入有限公司，取得一定比例的股份。但是，股份的大部分也就是公司的控制权被营利性公司掌握。第三种方式是蓝十字和蓝盾计划的做法，将其财产的实体部分转化为营利性的附属部门。这些附属部门向公众发行股票，由非营利单位进行管理。非营利性医疗机构向营利性医疗机构转化的关键是原有捐赠财产的评估。为了防止因为评估不当引起内部员工获得不适当经济收入和用于下一步慈善活动的基金水平太低，美国政策规定：非营利性医疗机构的托管人有义务通过竞争性的投资来决定实际价格，并有义务向监督转化过程的政府工作人员汇报潜在的利益冲突。美国法律和政策对转化中资金评估和转移的规定比较完善，但这种转换的道德风险还是公众讨论的焦点。[9]

第 10 节　非营利性医疗机构与营利性医疗机构的主要区别

美国非营利医院指社区医院、教会医院、自愿捐助者医院。2009 年，非营利私人医院已经占美国医院总数的 70%。营利医院，即以营利为目的的医院，占医院总数的 15%。[13]

10.1　利润分配方面

非营利医院的利润不可再分配，在美国，法律规定非营利医院的全部利润只能用于非营利目的活动，如社区的免费医疗、科研和社区的健康宣教工作，不得用于其他营利投资。美国税务机关对非营利医院经营利润的使用去向有严格的审计办法，非营利医院必须经税务部门确认自己的经营利润完全用于社会服务。同时，在非营利医院，医生工资水平也是经过相对于同等教育水平和工作条件下的其他行业人员工资严格测算出来的。例如，根据华盛顿州法律，1999 ~ 2000 年年度住院医生的年薪第一年为 33 684 美元，第二年为 35 916 美元，第三年为 37 944 美元，第 4 年为 39 996 美元。营利医院的利润可以分红或由业主投资到其他营利活动。[13]

10.2 税收政策方面

美国联邦法律规定，非营利医院通过各种途径获得的捐赠免交所得税。同时，向非营利医院捐赠物资的个人免交部分收入税款。由于美国实行累积税率制度，收入的相当部分要作为个人所得税交出，免税政策鼓励了高收入阶层向非营利医院捐资。而营利医院则无上述税收优惠，必须同企业一样纳税。全美非营利医院，年免税额为85亿美元（1996年）。[13]营利性医院服务价格高于非营利性医院主要是因为他们面临更高的成本去获得资本，同时必须支付收入税。[15]

10.3 经营成本方面

在自由竞争的作用下，营利与非营利医院的经营成本趋于相似。据一项研究结果报告显示，1995年，非营利医院每一住院人次成本为4 988美元，而营利医院为5 043美元；非营利医院利润率为3.65%（免税），营利医院税前利润率为9.27%（税后利润为4%左右）。两类医院的经营成本（多数统计数据）没有明显差异。[13]

10.4 服务内容方面

正如人们预料的那样，营利医院提供的服务多集中在赚钱的项目上，如心脏病治疗。营利医院对经营项目的成本效益有非常严格的核算，不会轻易投资没有经济效益的项目。而非营利医院则必须开展大量不赚钱的项目。2010年以来的研究表明，美国有些公众对非营利医院的慈善服务不甚满意，有些州提出非营利医院得到的免税政策应该予以重新评价。加州2009年的一项调查显示，有近20%的非营利医院没有提供与其免税额相当的社区服务（无补偿服务），相比之下，某些营利医院也做了许多的慈善事业。[13]

10.5 服务对象方面

营利医院大多集中在富人区，而非营利医院分布在各种社区中，有的欠费问题突出。美国也有穷人及欠费问题，如Crozer-Keystone保健组织有2.2亿美元因为拒付和延期付款而落空。面对营利医院的竞争，近年来，非营利医院不断改善与社区的关系，做更多的社区服务，以树立良好的公共形象。也有不少非营利医院转为营利医院的。在医疗保健行业市场竞争日趋激烈的情况下，某些医院出现病人数量减少和效益滑坡。1998 年 26%的医院利润负增长，1999 年医院总利润率为 3.2%。[16]

10.6 员工收入方面

非营利性医院的员工收入普遍高于政府医院和营利性医院（见表 1-3）。[17]

表 1-3　　平均每小时工资

（单位：美元）

专职、兼职类别	私立医院				联邦和政府公立医院	
	营利		非营利			
	平均每小时	标准误	平均每小时	标准误	平均每小时	标准误
总	19.26	1.9	20.16	1.2	18.71	2.3
专职或全职	19.21	1.9	20.20	1.1	18.56	2.1
兼职	19.68	4.2	19.95	2.5	20.49	7.8
注册护士	25.58	2.5	27.02	1.2	25.68	2.7
专职或全职	25.32	2.6	27.01	1.6	25.22	2.2
兼职	27.02	2.4	27.06	1.5	28.91	7.6
具有行医执照护士	15.88	1.9	15.82	1.7	15.87	3.0
专职或全职	15.89	2.0	15.77	1.9	15.81	3.2
兼职	15.64	2.6	16.04	2.6	16.68	3.1

参考文献：

[1] 侯建林，等．美国的医院分类体系及发展特征．中国卫生经济，2001，20（5）：34-36.

[2]（AHA），A.．*Annual Survey of Hospital*（2007 *edition*）. Chicago，Hospita，2008：125-128.

[3] 杜乐勋．美国医院产权制度的启示．http：//www.chinavalue.net/Biz/Article/2006-1-28/19362.html，2006-1-28.

[4] *National Center for Health Statistics. Health*，*United States.* Hyattsville，

Maryland, 2005.

[5] S, U.. *U. S Department of Health and Human Resources, CDC, and National Center for Health Statistics, Health, Unite States*, 2007. Washington, DC. U. S.

[6] 柏高原. 美国非营利性医院联邦所得税免除制度：挑战，变迁及借鉴. 卫生经济研究，2011 (10)：28-30.

[7] 葛恒云. 美国的医疗服务体制及其对我国社区医疗工作的启示. 中国卫生事业管理，2007，23 (5)：353-354.

[8] Government Printing Office. 2008.

[9] 袁蓓蓓，于保荣，高光明. 美国非营利性医疗机构资金投入和退出的研究. 中国卫生经济，2007，26 (8)：77-80.

[10] 张琳. 美国医疗系统的中流砥柱：非营利性私立医院. 医学与哲学，2005，26 (2)：52-54.

[11] 陆荣强，徐爱军. 国外公立医院治理结构特点及对我国的启示. 卫生经济研究，2009 (011)：24-26.

[12] 颜世洁，等. 美国民营医院发展趋势，经验及借鉴. 中国卫生资源，2010 (002)：95-97.

[13] 宋文舸，钟东波. 医院产权制度改革的国际经验与教训. 中国卫生经济，2002，21 (4)：19-23.

[14] 徐兰飞，陈伟. 美国的医疗服务监管体系. 卫生经济研究，2006 (3)：33-35.

[15] Reinhardt U.. *The economics of for-prfit and non-for-profit hospitals*. Health Affairs, 2000, 19 (6): 178-186.

[16] 汪建新，等. 美国非营利医院与营利医院的区别和竞争. 现代医院，2005，1 (2)：49-50.

[17] National Compensation Survey: Occupational Wages in the United States, July 2003.

[18] http://www.beckershospitalreview.com/hospital-management-administration/the-dying-rivalry-how-for-profit-and-non-profit-ceos-are-becoming-more-compatible.html.

[19] https://doj.mt.gov/consumer/for-consumers/montana-hospitals/.

第2章
日　本

第1节 医疗机构概况及分类

日本属于社会保险医疗制度，但政府介入卫生系统建设的特征更加突出。公私并存的医疗服务机构是日本医疗提供体系的主要特征，而且私立医疗机构在日本医疗服务系统中居于主体地位。日本政府在国家卫生建设中起着主导作用，其职能涵盖从国家整体卫生制度的制定到具体的保险以及医疗服务提供等方面。分析日本的医疗卫生系统，以私立医疗机构为主体的医疗服务体系和政府对国家整体卫生建设的主导作用形成了鲜明的对比，构成日本医疗系统的显著特征。[1]

按照世界卫生组织出版的《2000年世界卫生报告》，1997年日本的卫生系统以人均第13位的投入取得了总成就全球排名第1位的成绩，可见其公共卫生的效率是非常高的。[2]在日本，医院是指拥有20张及以上床位的卫生机构。根据医院的服务类型，目前日本医院可以分为三大类，即综合医院、精神病院和结核病院。[3]

日本医疗机构按产权分为以下四类：

（1）国立医院：主要分为三大类，第一类是卫生福利部所属的医院，约占国立医院总数的三分之二，主要分布在全国的各大中城市，规模较大，有的是国家医学科研中心，如东京国立癌症中心和大阪国立循环病中心等。第二类是国立大学和国立医科大学的附属医院，这些医院规模大，分布在大中城市，一般一所大学只设一所附属医院。第三类是国家所属部门和团体举办的医院，如国有保险团体所属的医院。国立医院由国家出资补助，所属部门管理，产权归国家所有。

（2）公立医院：主要分为三类。第一类都是政府县所属的医院，相当于我国省、市、自治区卫生厅举办的医院，这类医院规模大，其中包括地方公立大学和医科大学的附属医院、县立癌症中心（相当我国的省肿瘤医院）。第二类是市町村医院，相当于我国的市地县和乡镇医院，这些医院分布在城乡，数量多，约占公立医院半数以上。第三类是公立团体举办的医院，如日本红十字会和公立保险团体举办的医院，这些医院分布在城乡。

（3）民营医院：民营医院是日本医院的主体，占日本医院总数近70%，主要分为四类。第一类是医疗法人开办的医院，约占民营医院总数的85%，其主体是病床在300张以下的中小医院。所谓医疗法人就是在理事会领导下由医疗法人独立经营的医院。医院所有者是理事会，一家理事会可以有一家至几十家医院不等，但一般不超过十家医院。管理体制是理事会选聘院长，院长经营医院。第二类是私立大学和医科大学的附属医院。第三类是公益团体和宗教团体举办的医院。第四类是各种私营保险团体举办的医院。民营医院的特点是产权所有者是理事会，多数是股份制，但不分红，这是因为日本法律规定医院盈余只能用于发展医院。

（4）私人医院：日本的私人医院是产权完全归个人所有，完全由个人经营管理的医院。[4]

日本非营利机构的所有者有民法中的公益法人（包括非营利社团法人和财团法人）、医疗法人、学校法人、社会福利法人、宗教法人以及不具有正式法人资格的非营利组织。日本的非营利性医疗机构可以是上面提到的所有非营利法人举办的医疗机构，即民营医疗机构。按日本法律规定，日本民营医疗机构的盈余不能分红，只能用于医疗机构发展；实行全国统一的收费标准。[5]

第2节　与医疗相关的法律体系

在日本，与医疗相关的法律主要有两个体系：一个是以健康保险法为主的各种保险法，主要是关于诊疗时如何支付和结算费用；另一个是医疗法以及以医师法为核心的相关法律体系。

医疗法是医疗法规中最核心的法律，是为确保医疗提供机制、维护国民健康而制定的医疗设施规划、医疗机构人员比例构成、设备构造、管理体制、医疗法人制度等法律，涉及医院和诊所的管理、医疗规划、医疗法人制度、医疗广告等诸方面。

日本医疗法于1948年制定，至今已经过30多次的修订，其中大的修订有4次。从为确保一定的医疗水准开始，到调整地区间医疗不平衡；从促进机能分化和业务合作，发展到提高整体医疗服务素质和水平。[6]

第3节　与“医疗法人”相关的法律规定

3.1　医疗法人

据《日本医疗法》的定义，医疗法人是由地方政府正式批准的社团和财团（基金会），其活动是建立和经营医疗机构、诊所。

日本医疗法规定：以营利为宗旨的团体不能注册成为医疗法人；医疗法人经营的医疗机构要配备全职医生、牙医以及为老人提供健康服务的医疗保健设备；医疗法人经营的医疗机构还要承担从医人员的教育、建立医疗和牙科研究机构以及与其他保健事物相关的任务；医疗法人经营的医疗机构不能从事营利业务（如销售医疗器械、送餐业务等）。

按医疗法人制度成立的非营利性医疗机构虽然是私立医疗机构，但是可以得到运营补助费、津贴、设施设备补助费等，这些与公立医疗机构差别不大。值得一提的是，日本医疗法人在经营医疗机构时，不一定要遵循民法中规定的“公益团体要做到的公益标准”，所以医疗法人不享受税收优惠。

医疗法人在发展过程中也出现了新的类型，有了新的法律地位，包括特定医疗法人和特殊医疗法人。特定医疗法人是承担公益事业，被判定有公益性的医疗法人，实行与公益团体相同的税收待遇。特殊医疗法人是将医疗机构所有权放弃（放弃份额）捐献给国家的医疗法人，这类医疗法人可以从事一定营利业务，可以享受到政府资金的投入，具有半公立性。[5]

3.2 医疗法人相关的法律条款

《日本医疗法》(2012 年 3 月 30 日) 规定的医疗法人的业务:

(1) 本来业务:医疗法人是指开设医院、有牙科医师等从事日常工作的诊疗所或者具有老人看护保健设施的社团或者财团 (第 39 条第 1 项)。

(2) 附带业务:只要不对开设的医院、诊疗所或者老人护理保健设施的业务产生妨碍,依据章程或者捐款行为的规定,便可以进行下列所示的业务的全部或者一部分;(《日本医疗法》第 42 条各号)。委托附带业务或者不进行本来业务只进行附带业务的行为是不合适的运营方式。

《日本医疗法》第 42 条

第 1 号 医疗关系者的培训或者再教育。

(1) 经营培养护士、理学疗法师、作业疗法师、柔道整复师、按摩指压师、针灸师、灸治师以及其他医疗关系者的培训所。

(2) 援助继承者学费让其在大学 (医学部) 等学习的做法不属于培养医疗关系者的行为。

(3) 进行医师、护士等的再培训。

第 2 号 设置和医学或者口腔学相关的研究所。

研究所设置的目的不能脱离章程等规定的医疗法人的目的范围。

第 3 号 开设《日本医疗法》第 39 条第 1 项规定的诊疗所以外的诊疗所、经营巡回诊疗所、有医师或者牙科医师日常通勤的诊疗所 (如偏僻地区的诊疗所)。

第 4 号 为了疾病预防,附设进行有氧运动 (指持续性摄取氧气,为了维持全身耐力的生理机能或者为了恢复健康而进行的身体运动) 的设施——诊疗所,并且其职员、设施以及运营方法要符合厚生劳动大臣规定的基准 (疾病预防运动设施)。

针对附设诊疗所的规定如下:

(1) 针对诊疗所,原则上不对其进行《医疗法》第 12 条规定的管理免除或允许其管理两个地方。

(2) 诊疗所和疾病预防运动设施的名称尽量不要混淆,要使用不同的名称。

（3）同既有的医院或者诊疗所在同一用地或者相邻的地皮上设置运动设施时，相关医院或者诊疗所通过对疾病预防运动设施的利用者实行恰当的医学管理，不新创办诊疗所也可以。

“厚生劳动大臣规定的基准”要参照《平成4年7月1日厚生告示》第186号。

第5号 为了预防疾病要利用温泉设施，并设置拥有有氧运动的场所，其职员、设施以及运营方法等符合厚生劳动大臣规定基准的设施（预防疾病的温泉利用设施）。

（1）所谓的温泉是《温泉法》（《昭和23年法律》第125号）第2条第1项规定的事物。

（2）为了预防疾病，同拥有温泉的公共设施场所相合作的医疗机关必须拥有能够把握设施利用者的健康状态、实行急救时的医学处置体制。

“厚生劳动大臣规定的基准”要参照《平成4年7月1日厚生告示》第186号。

第6号 与保健卫生相关的业务。

从保健卫生的观点来看，其并不是指行政厅实行的规章制度对象的全部业务，而是以直接提高国民的保健卫生为主要目的的以下业务：

（1）药房。

（2）实施医疗的场所（同按摩指压师、针灸师、灸治师等相关的法律，柔道整复师规定的事项）。

（3）卫生检查所（与临床检查技师、卫生检查技师等相关的法律规定的事项）。

（4）福祉人员培养设施（社会福祉人员以及护理福祉法规定的事项）。

（5）家庭服务员培育研修事业（接受地方公共团体制定、实施的事项）。

（6）疑难病症等住宅生活支援事业（接受地方公共团体制定、实施的事项）。

（7）病儿、病后儿保育事业（接受地方公共团体的委托或者辅助实施的事项）。

（8）同《护理保险法》规定的访问护理、入院护理、入院康复站、短期入院生活护理、短期入院疗养护理、认知症对应型入院护理、各种预防性护理、小规模多功能型住宅护理或者复合型服务（限于小规模多功能型住宅护理以及访问看护的组合）及残疾人自立支援法中的残疾福祉服务事业、一般协商支援事业、特定协商支援事业、移动支援事业、地域活动支援中心或者福祉休养所中的事业相连接，或者作为一体的有偿移送行为如下：

①《道路运送法》（《昭和26年法律》第183号）第4条第1项规定的一般旅客汽车运送事业。

②《道路运送法》第43条第1项规定的特定旅客汽车运送事业。

③《道路运送法》第78条第3号或者第79条规定的私家用车的有偿旅客运送等。

a. 这项业务指的不是寻求与护理保险服务、残疾福祉服务的相关联性，成为保险支付的对象，而是成为实际费用的征收对象。例如，不同级别机构间上下车时护理移送部分的实费征收，入院服务等当中远距离送迎费的实费征收等依据《道路运送法》的规定获得许可实行的业务。

b. 在未得到《道路运送法》许可的情况下，不能从事属于护理保险或者障碍福祉服务对象的移送事业。

c. 同所谓的如护理出租车、旅行和购物等与护理保险服务、残疾福祉服务无关联性的业务不符合有偿移送行为标准的，不是医疗法人的附带业务。

（9）《护理保险法》规定的住宅服务事业、住宅护理支援事业、护理预防服务事业、护理预防支援事业、地域密着型服务事业、地域支援事业、保健福祉事业、指定市町村事务受托法人的受托业务以及指定都道府县事务受托法人的受托事务中、与保健卫生相关联的业务，这些业务记载在附件中。

（10）助产所（《医疗法改正法》第2条规定的事项）。

（11）齿科技工所（《齿科技师法》规定的事项）。

（12）福祉用具专门协商员指定讲座（《护理保险法实施令》规定的事项）。

（13）有关确保高龄者居住安定的法律（《平成23年法律》第32号）第5条规定的面向高龄者附带服务的住宅的设置。但是仅限于接受了都道府县知事登记的。

① 在实施进行部分改正的有关确保高龄者居住安定的法律（《平成23年法律》第74号，以下简称《改正法》）时，对改正前的有关确保高龄者的居住安定的法律（《平成13年法律》第26号）第4条规定的接受高龄者顺利入住租赁住宅登录的高龄者专用租赁住宅这一医疗法人设置的场所，《改正法》实施后，也要继续满足条件。对居住者，限于持续提供事先约定好的以下服务的某一项。在当前阶段，这作为医疗法人能够设置的事项：

a. 向居住者提供生活指导和协商的服务；

b. 定期确认居住者安否的服务；

c. 在居住者的病情急变时的应急措施、向医疗机关通报等紧急时刻相对应的服务。

② 在实施改正了有关确保高龄者居住安定的法律的一部分的法律（《平成21年法律》第38号，以下简称《平成21年改正法》）附则第1条第1号提出的规定时，依据《平成21年改正法》，针对改正前的有关确保高龄者的居住安定的法律（《平成3年法律》第26号）第4条规定接受高龄者顺利入住租赁住宅登录的高龄者专用租赁住宅这一医疗法人设置的场所，即便依据《平成21年改正法》附则第4条第1项的规定失去登录效力时，也要继续满足其条件，限于继续提供约定好的上述a到c提及的某一服务，且当前医疗法人能够设置这此事项。

③ 针对①以及②，不得增加出租住宅的户数。

（14）根据有关确保适当地运营劳动者派遣事业以及派遣劳动者的就业条件的完善等的法律（《昭和60年法律》第88号，以下简称《劳动者派遣法》）第2条第5号提出的特定劳动者派遣事业、《劳动者派遣法》第4条第1项第3号以及关于确保合适地运营劳动者派遣事业和完善派遣劳动者就业条件的法律实施令（《昭和61年政令》第95号，以下简称《劳动者派遣法实行令》）第2条第1项的规定，适合从事派遣劳动者的业务如下。

①《劳动者派遣法实行令》第2条第1项各号中涉及的业务。

a. 《劳动者派遣法》第2条第6号规定的介绍预定派遣的情况。

b. 符合《劳动者派遣法》第40条第2款第1项第3号或者第4号的情况。

c. 在《劳动者派遣法实行令》第 2 条第 1 项各号规定的设施或住宅以外的场所实施的情况。

②《劳动者派遣法实行令》第 2 条第 1 项第 1 号提出的业务。

a. 派遣劳动者的就业场所在《劳动者派遣法实行令》第 2 条第 2 项规定的偏僻场所的情况。

b. 为了确保派遣劳动者的就业场所所在地方的医疗，《劳动者派遣法实行令》第 2 条第 1 项第 1 号提出的业务中，承认有必要通过业务形式实行劳动者派遣，让派遣劳动者工作时提出的与确保合适地运营劳动者派遣事业，以及完善派遣劳动者的就业条件相关的法律实施规则（《昭和 61 年劳动省令》第 20 号）第 1 条第 1 项各号中涉及的场所（除去偏僻地区）的情况，但是，依据《医疗法实行规则》（《昭和 23 年厚生令》第 50 号）第 30 条第 33 款之 2 第 2 项，能够作为业务进行劳动者派遣的医疗法人限于开设医院或者诊疗所的医疗法人。

（15）《残疾人自立支援法》第 77 条规定的地域生活支援事业所实行的昼间某时间的支援事业（接受地方公共团体的委托或者辅助、实施的事项）。

（16）关于促进雇用残疾人等的法律（《昭和 35 年法律》第 123 号）第 34 条规定的残疾人就业、生活支援中心。

（17）《健康保险法》（《大正 13 年法律》第 70 号）第 88 条第 1 项规定的访问看护事业。

（18）《学校教育法》（《昭和 23 年法律》第 26 号）第 1 条规定的学校、同法第 124 条规定的专修学校以及同法第 134 条第 1 项规定的各种学校；儿童福祉法（《昭和 22 年法律》第 164 号）第 39 号第 1 项规定的保育所以及同法第 59 条第 1 项规定的设施中，在不是以同法第 39 条第 1 项规定的业务为目的时，对有残疾的幼儿儿童学生、护士等要进行医疗上的照料或者进行必要的诊疗辅助事业。

医院或者诊疗所的业务相当于医疗法人的本来业务。

（19）在许可之外的保育设施（《儿童福祉法》第 34 条第 15 款规定的家庭保育事业以及其他类似于该事业的、认可以外的保育设施除外）的情况下，地方公共团体规定与其职员、设备等相关的基准，以适合相关基准作为条件，委托运营或者补助运营所需的费用。

第 7 号 《社会福祉法》第 2 条第 2 项以及第 3 项规定的事业中，厚生劳动省规定事项的实施。

有关综合推进提供就学前孩子教育、保育的法律（《平成 18 年法律》第 77 号）第 3 条第 1 项第 2 号认定的幼儿园的运营（但仅是保育所型）包含于上述的第 1 项第 2 号。

第 8 号 有偿老人院的设置（《老人福祉法》规定的事项）。

（1）需要注意的事项有：

① 提供给职务人员的金钱等的借贷不是附带业务，由福利厚生来实行。

② 第 7 号中，有些事项只能是社会医疗法人才被认可。

③ 除依据章程等的变更认可申请外，有些情况要求遵循个别法规定的手续（许可、登记等）。在该种情况下，在个别法的手续办理之前，有必要进行章程等的变更认可申请，两种手续并行时，根据各种手续的进展状况，章程等的变更认可日期只能延后。

（3）收益业务：只要不防碍其开设的医院、诊疗所或者护理老人保健设施的业务，根据章程或者捐款行为的规定，把收益用作来经营相关社会医疗法人以及特别医疗法人开设的医院、诊疗所或者护理老人保健设施，社会医疗法人以及特别医疗法人便能够开展厚生劳动省大臣规定的业务（收益业务）。

上述内容见《平成 18 年法律》第 84 号附则第 8 条、《平成 19 年厚生劳动省告示》第 92 号、改正前《医疗法》第 42 条第 2 项。

收益业务的种类。收益业务的种类中有日本标准产业分类（《平成 14 年 3 月 7 日总务省告示第 139 号》）规定事项中的如下事项：

① 农业；

② 林业；

③ 渔业；

④ 制造业；

⑤ 信息通信业；

⑥ 运输业；

⑦ 批发、零售业；

⑧ 不动产业（建筑物交易行业、土地交易行业除外）；

⑨ 饮食店、住宿业；

⑩ 医疗、福祉（和医院、诊疗所或者护理老人保健设施相关的以及和《医疗法》第42条各号中提出的除外）；

⑪ 教育、学习支援事业；

⑫ 复合服务事业；

⑬ 服务业。

（注）除基于医疗法相关法令规定的章程、捐款行为变更的手续以外，基于与各种业务相关的关系法令的许可和登记等的手续也是必要的。

收益业务的业务条件。收益业务限于满足以下提出的条件，其规模、内容等除了满足《医疗法》第30条第35项第2号的条件之外，有必要充分留意依据法律规定设立的法人的业务要在社会容许的范围内：

① 以在一定计划下获得利益为目的，反复持续进行的行为，社会大众观念能够承认的业务。

② 不能是有可能损毁人的社会信用的业务（见注）。

③ 不能是投机经营的行为。

④ 开展的相关业务，不会妨碍相关医疗法人开设的医院、诊疗所或者护理老人保健设施的业务的顺利进行。

⑤ 不能以借助相关医疗法人以外的人之名誉或者其他不正当的方法经营。

注：有可能损毁社会信用的业务指的是娱乐行业、武器制造业、游戏行业。

（4）附随业务：开设的医院等的业务的一部分或者附随其进行的业务不包含在收益业务中，不要求特别的章程变更等（作为附随业务是可能的）。

所谓附随着实行的业务，如下所示：

① 在医院等设施内，以入住该医院或者往返于医院的患者以及其家人作为对象进行的业务或者为了医院等的职员的福利厚生实行的业务、作为提供医疗或者提高疗养质量的一环实行的业务。因此，在医院等建筑物中的小卖店、在医院地皮内开展的停车场业务等被看作是附随着医院等的业务实行的业务，在皮之外使用法人所有的闲置资产进行的停车场业务不含在附随的业务中。

② 在医院等设施外，以定期往返于该医院的患者为对象进行的业务，在相关医院等提供的医疗或者在疗养方面连续实行的业务。

因此，向相关医院等或者从相关医院等场所无偿运送患者被看成是附随着医院等的业务来进行的业务，从相关医院等以外的医院向同样地相关医院等以外的医院无偿搬送患者，不被认作是包含在附随业务中。

③ 在① 以及②中，相关法人不是作为自己的事业来进行，而是委托给相关医疗法人以外的人进行的情况下：相关医疗法人以外的人进行的事业内容相当于①以及②的前半部分时，将委托给相关医疗法人以外的人的业务看成是附随的业务，如果不符合①以及②的前半部分时，则不包含在附随业务中。

（5）医疗法人中，符合下述条件，依据政令的规定接受了都道府县知事认定的法人（以下称社会医疗法人）只要不妨碍其开设的医院、诊疗所或者护理老人保健设施（包含作为制定管理者管理的医院）的业务，依据章程或者捐款行为的规定，以把收益用于该医疗法人开设的医院、诊疗所或者护理老人保健设施的经营为目的，便能够进行厚生劳动省规定的业务（以下称收益业务）。

① 董事中，董事、其配偶以及直系亲属、其他的和各董事具有厚生劳动省令规定的特殊关系的人不得超过董事总数的三分之一。

② 社团医疗法人的职员中，职员、其配偶以及直系新属、其他的和各职员有厚生劳动省令规定的特殊关系的人不得超过职员总数的三分之一。

③ 财团医疗法人的评议员中，对于各评议员，评议员、其配偶以及直系亲属、其他的和各评议员有厚生劳动省令规定的特殊关系的人不得超过评议员总数的三分之一。

④ 和急救医疗等确保事业（限于相关医疗法人开设的医院或者诊疗所所在地的都道府县制定的医疗计划中记载的事项）相关的业务要在相关医院或者诊疗所所在地的都道府县来进行。

⑤ 前述的业务要和下述的事项相关，符合厚生劳动大臣制定的基准：

a. 进行相关业务的医院或者诊疗所所具有的构造设施。

b. 配合相关业务的体制。

c. 相关业务的实际成果。

⑥ 除了前述要求外，还要符合厚生劳动省令规定的和公共运营相关的

条件。

⑦ 在章程或者捐款行为中，要规定解散时的剩余财产归属于国家、地方公共团体或者其他的社会医疗法人。

都道府县知事在认定前项时，必须提前听取都道府县医疗审议会的意见。

关于收益业务的会计，要区别于相关医疗法人开设的医院、诊疗所或者护理老人保健设施（包含作为指定管理者管理的医院等）的业务以及前条各号涉及业务的会计，作为特别的会计来计算。

《日本医疗法》第 43 条

（1）医疗法人要依据政令的规定，在设立、新开设附属事务所、转移事务所、变更其他登记事项、解散、合并、清算人就任以及变更和终结等各种情况下，必须登记。

（2）依据前项的规定，必须登记的事项如果不事先登记的话，不能够用此和第三者对抗。

第 4 节　医院的产权管理

日本医院的产权管理基本上是谁所有，谁负责，谁投资，谁管理。对医院产权管理非常严格，权责界定非常清晰。

日本国立医院产权分别由其主管部门直接管理，主管部门指定医院财产监管人负责，财产监管人一般由院长担任。同时，建立相互制约的监管制度，管理医院资产。公立医院的产权由政府和公有的团体直接管理，在医院指定院长监管医院资产。日本对国立和公立医院经费补助较高，可以保障正常运行。医院不会允许外来投资或合作经营分院和科室，医院资产流失的现象基本不会产生。日本国立和公立医院的同类医院之间，医院职工工资和奖金差别不大，并且要求人员定期流动。对于医院经营出现的亏损，主管部门给予补助，保证其正常运行，但这也导致了经营效率不高的问题。

民营医院的产权管理完全由医院理事会负责，理事会是医院所有者，院长只是经营者，负责医院的经营管理，无权对医院产权进行处置。日本医院产权制度灵活，每年都有几十所以上的医院倒闭、出售、缩小规模、改为诊所，同时又有新的医院成立，符合优胜劣汰的市场经济法则。日本私立医院产权完全由个人负责，院长由个人担当，院长退休后由家族人员继承。不能继承时可以转让或出售，产权亦随之发生变化。[4]

第5节 “医疗法人”的治理结构及财务税收政策

5.1 医疗法人的特点

《日本医疗法》第四章专门对医疗法人进行了规定，包括设立的条件、业务范围、登记、设立许可、章程和组织机构、结算和资金运行规定、法律责任等内容。计划开设医院、诊所或护理老人保障设施的社团或财团，按照法律的规定，都可以成为医疗法人。医疗法人是法定的称谓，其他法人不能使用医疗法人这样的字眼。

政府提倡和发展医疗法人机构的目的是将医疗法人定位在满足非营利性和一定的公共性的法人上，且在不影响医疗行业的非营利性基础上，通过取得法人资格，规范医疗机构的组织机构、医疗行为、财务制度，以便于筹措资金，使医疗机构的经营长期化，从而缓解私人医疗机构的困难，让更多的私人资本投入到医疗服务中，壮大卫生产业。

日本医疗法人机构有三大特点：经营的非营利性、内部治理机构的规范性和财务税收政策的特殊性。

5.1.1 非营利性

一是医疗法人不能从事营利业务。营利业务的种类有销售医疗器械、出租寝具、送餐业务等。对于特殊医疗法人，只要对开设医院的业务无影响，并将收益用于改善法人开设医院的经营为目的，则可以开展营利业务。二是禁止分配剩余资金，不能将盈余进行分红。

5.1.2 规范性

医疗法人机构按照政府批准的章程开展活动，接受政府的行政指导和监督。（1）社团设立的医疗法人最高决议机关是职工总会，负责重大事项表决；理事会是执行机关，负责日常管理；监事则监查法人的财产状况、理事对业务的执行情况，监事不能兼任理事或者法人。（2）财团设立的医疗法人设立了执行机关的理事会和作为咨询机关的评议委员会，理事会自身行使相当于社团职工总会的职能。理事要 5 人以上，监事 1 人以上。在职员中推选理事，在理事中推选理事长。理事长人选原则上是医师或口腔科医师，且在过去 5 年间在医疗单位经营中无差错。理事长代表医疗法人总管业务。医疗法人有向债权人公开经营信息的义务。总体来看，日本的医疗法人组织管理类似我国《公司法》中对有限责任公司的规范要求。

5.1.3 财务税收政策

在财务上，医院和护理老人保健机构分别按照相应会计准则处理。会计年度从每年的 4 月 1 日开始至次年 3 月 31 日，每个会计年度结束后 2 个月内将报表报送省长。医疗法人的法人税为 30%，可避开累进税率，在其他税种上与不同类型法人也有所区别，如不征收与社会保险诊疗报酬相关的事业税，降低与自由诊疗相关的事业税税率等。此外，对特定医疗法人在税收方面也有政策区别。[2]

表 2-1　　医疗法人和特定医疗法人、特殊医疗法人的区别

	医疗法人	特定医疗法人	特殊医疗法人
法律依据	《日本医疗法》	《日本税款特殊措施法》	《日本医疗法》
许可承认	都道府县知事（省长）的许可	财政部长的许可	都道府县知事（省长）对规章变更的认可
要件	资产要件：开办医院等时个人资金比例在 20% 以上 理事数：理事 3 人 监事 1 人以上 理事长原则上是医师或口腔科医师	医疗法人中是财团或无股权限制财团 自由诊疗限制 同族理事的限制 差额床位的限制：20%，5 000 日元以下 工资限制：1 年 3 600 万日元以下	医疗法人中是财团或无股权限制的财团 自由诊疗限制 同族理事的限制 工资限制：1 年 3 600 万日元以下

续表

	医疗法人	特定医疗法人	特殊医疗法人
税率	法人税率 30%	法人税率 22%	法人税率 30%
营利业务	不开展营利业务	不开展营利业务	可开展一定的营利业务

资料来源：日本卫生劳动部“今后的医疗经营方式研讨会”说明材料。

5.2 治理结构与财务税收的法律条款

《日本医疗法》第三节 管理

第 46 条第 2 款

（1）医疗法人中，作为其董事，必须设置 3 名以上的理事以及 1 名以上的监事。不过，在接受都道府县知事认可的情况下，只需设置 1 名或 2 名理事就足够。

（2）另外，属于以下各项的某一项时，不能成为医疗法人的董事：

① 成年被监护人或者被保佐人。

② 依据《医疗法》、《医师法》、《牙科医师法》或者其他有关医疗事务的法令规定被处以罚款以上的处罚、执行结束或者从不再接受执行的日期算起未超过两年的人。

③ 其他被处以监禁以上刑罚，执行完该刑罚或者服服刑中的人。

（3）董事的任期不能超过两年，不过不妨碍其再任。

第 46 条的第 3 款

（1）医疗法人（下项中规定的医疗法人除外）的理事中的一人，依据章程或者捐款行为的规定，从不是医师或者牙科医师的理事中遴选出来作为理事长。

（2）依据前条第一项但必须是文书的规定，接受都道府县知事的认可后，设置一名理事的医疗法人，如果适用本法该章（下条第 2 项除外）的规定，该理事被认为是理事长。

第 46 条第 4 款

（1）理事长代表医疗法人，总理业务。

（2）理事长遇到事故时或者理事长空缺时，依据章程或者捐款行为的规定，其他的理事代理其职务或者执行其职务。

（3）医疗法人中有章程或者捐款行为未特殊规定的业务时，由理事的过半数决定。

（4）理事只要不被章程、捐款行为或者职员全会的决议禁止，可以把特定行为的代理委任给他人。

（5）在理事空缺的情况下，因为医疗法人的业务迟滞有发生损害的危险时，都道府县知事必须根据利害关系人的请求或者通过职权选出代任理事。

（6）对与医疗法人和理事的利益相违背的事项，理事没有代理权。在该情况下，都道府县知事必须根据利害关系人的请求或者通过职权选出特别代理人。

（7）监事的职务如下：

① 监督医疗法人的业务。

② 监督医疗法人的财产状况。

③ 针对医疗法人的业务或者财产状况，制成每个会计年度报告书、监督报告书，在该会计年度终了后 3 个月以内向职工总会或者理事提交。

④ 依据上面①或②的规定进行检查后，发现在医疗法人的业务或者财产方面有不正当行为或有违反法令、章程、捐款行为等重大事实时，必须报告给都道府县知事、职员总会或者评议员会。

⑤ 社团医疗法人的监事为了报告上述①的内容，有必要时，要召集职工总会。

⑥ 财团医疗法人的监事，为了报告上述④的内容，有必要时必须向理事长请求召集评议员会。

⑦ 针对医疗法人的业务或者财产状况，向理事陈述意见。

第 47 条

（1）医疗法人必须把开设的所有医院、诊疗所或者老人护理保健设施（包含指定管理者来管理的医院等）的管理者加入到理事中。如果医疗法人开设两家以上的医院、诊疗所或者老人护理保健设施时，接受了都道府县知事的认可后，可以把管理者（除去指定管理者来管理的医院）的一部分不加入到理事中。

（2）前项的理事，在退出管理者的职位后，理事一职也丧失。

第 48 条

监事不能兼任理事或者医疗法人的职员，相关医疗法人开设的医院、诊疗所或者老人护理保健设施（包含指定管理者来管理的医院等）的管理者或其他职位也包含在内。

第 48 条第 2 款

理事或者监事中空缺人数超过定额五分之一时，必须在一个月内补上空额。

第 48 条第 3 款

（1）社团医疗法人备好职员名单，每当有职员变更时，必须在其上予以补充。

（2）社团医疗法人的理事长每年至少要举行一次定时职工总会。

（3）理事长认为有必要时，任何时候都可以召集临时理事职工总会。

（4）议长由职工总会选举任命。

（5）理事长在总职员五分之一以上提出应在会议上进行附议的事项、请求召开临时职工总会的情况下，自该请求提出之日起 20 日内必须召集。

（6）职工总会的召集必须依据章程的规定下达通知，要至少在总会举行五日之前，指明会议目的等事项。

（7）社团医疗法人的业务除去依据章程委任给理事或者其他委员的，都要依据职工总会的决议来实行。

（8）职工总会只能对依据上述第 6 项预先通知的事项进行决议。章程中另有规定时除外。

（9）职工总会除去章程中另外规定的情况，如果总职员的过半没有出席，不能开始讨论、进行决议。

（10）职工总会的议事除去章程中另外规定的情况，由出席者过半数来决定，赞成与反对各一半时，遵从议长的决议。

（11）在前项的情况下，议长不能作为职员参加决议。

第 48 条第 4 款

（1）每位职员都有议诀权。

（2）不能出席的职员可以通过书面形式或者代理人进行决议。不过，章程中有另外的规定时不限于此。

（3）针对社团医疗法人和特定职员的关系进行决议时，相关职员没有议决权。

第 49 条

（1）在财团医疗法人中设置评议员会。

（2）评议员会由人数上超过理事总数的评议员组成。

（3）理事长召集评议员会。

（4）评议员会中设置议长。

（5）理事长在总评议员五分之一以上提出应在会议上进行附议的事项、请求召集评议员会的情况下，自该请求提出之日起 20 日内必须召集。但是，捐款行为可以规定低于“总评议员的五分之一”这一比例。

（6）如果总评议员出席不超过半数，评议员会不能听取议事、进行议决。

（7）评议员会的议事由出席者的过半数来决定，赞成和否定各一半时，依照议长的决议。

（8）在前项的情况下，议长不能作为评议员参加决议。

第 49 条第 2 款

（1）下列事项，理事长必须事先听取评议员会的意见：

① 对预算、借款（除去通过本会计年度的收入来偿还的临时性借款）以及重要资产进行处置的事项。

② 事业计划的决定或者变更。

③ 捐款行为的变更。

④ 合并。

⑤ 因为第 55 条第 3 项第 2 号中指出的事由、同条第 1 项第 2 号指出的事由解散。

⑥ 其他和医疗法人的业务相关、由捐款行为规定的重要事项。

（2）前述各项指出的事项可以依据捐款行为，要求评议员会进行议决。

第 49 条第 3 款

（1）评议员会可以针对医疗法人的业务或者职员的业务执行情况，向议员陈述意见，或者回答职员的咨询，或者从职员那里征集报告。

（2）理事长在每会计年度终了后 3 个月以内，把决算以及事业的业绩报告给评议员会并征求他们的意见。

第 49 条第 4 款

（1）能够成为评议员的人员如下：

① 从医师、牙科医师、药剂师、护士、其他医疗从事者中，依据捐款行为的规定选任的人员。

② 依据捐款行为的规定，从对医院、诊疗所或者老人护理保健设施的经营拥有有识之见的人中选任的人员。

③ 从接受医疗的人中，依据捐款行为的规定选任的人员。

④ 除了前 3 项指出的人，根据捐款行为规定选任的人员。

（2）评议员不得兼任相关财团医疗法人的干事。

第 50 条

（1）章程或者捐款行为的变更（与《厚生劳动省令》规定的事项相关联的除外），如若不接受都道府县知事的认可不会生效。

（2）有依据前项规定的认可申请时，都道府县知事必须在审查第 45 条规定的事项以及章程或捐款行为的变更手续是否违反章程或者捐款行为之后，决定认可。

（3）医疗法人在变更有关厚生劳动省令规定的事项的章程或者捐款行为后，必须及时把变更文书提交给都道府县知事。

（4）第 44 条第 5 项规定因为章程或者捐款行为的变更而出现的剩余财产的归属者问题、或者归属者变更问题。

第 50 条第 2 款

医疗法人的会计需要遵从被普遍认为公正妥当的会计惯例执行。

第 51 条

（1）医疗法人在每会计年度终了后两个月内，必须制成事业报告书、财产目录、借贷对照表、盈亏计算书以及其他厚生劳动省令规定的文件（以下称“事业报告书”）。

（2）理事必须向监事提出事业报告书。

（3）社会医疗法人的理事长必须向公认会计师或者监督法人提交财产目录、借贷对照表以及盈亏计算书。

第 51 条第 2 款

（1）医疗法人（社会医疗法人除外）把下述文件向各事务所备案，职员评议员或债券者有请求时，除有正当理由外，必须提供：

① 事业报告书等。

② 第 46 条之 4 第 7 项第 3 号的监查报告书（以下称“监事监查报告书”）。

③ 章程或捐款行为。

（2）社会医疗法人把下列文件向各事务所备案，职员、评议员或债券者有请求时，除有正当理由外，必须提供：

① 前项各号中提出的文件。

② 前条第 3 项排除的社会医疗法人需要提交公认会计师或者监督法人的监查报告书（以下称“公认会计师等的监查报告书”）。

第 52 条

（1）医疗法人依据《厚生劳动省令》的规定，在每会计年度终了后 3 个月内，必须向都道府县知事提交以下文件：

① 事业报告书等。

② 监事的监查报告书。

③ 第 51 条第 3 项的社会医疗法人要提交公认会计师等的监查报告书。

（2）都道府县知事请求有关章程或者捐款行为或者前项提到的申报文件时，依据厚生劳动省令的规定，必须提供阅读。

第 53 条

医疗法人的会计年度始于 4 月 1 日，终于第二年的 3 月 31 日。但是，章程或者捐款行为中有其他规定时不限于此。

第 54 条

医疗法人不得分配剩余资金。

第 6 节 “医疗法人”的设立及退出时的财产处理方法

《日本医疗法》规定，医疗法人如果不接受都道府县知事的认可，则不能成立。

日本医疗法人根据其性质、法律地位的不同，解散时财产处理方法也不同。日本医疗法人有社团和财团两种。医疗法人社团又分为有固定份额和无份额两类。有固定份额的医疗法人社团的社员有退社时请求退还会费的权利，有剩余资产分配请求权，而且允许世袭继承；在解散时根据社员出资额分配资产。无份额的医疗法人社团的社员退社时没有退还出资请求权，解散时资产归属国家、地方公益团体和类似法人。

医疗法人财团解散时资产的处理要先明确财团法人的法律性质。按大陆法系的民法原理，财团法人一旦成立，作为财团法人设立人的资金捐助人，就不享有任何正当权利介入财团法人任何事务，财团法人对其资产有独立财产权，并不是捐资人财产权的延伸。所以医疗法人财团无论其是否从事公益医疗活动，都是非营利性的，解散时财产也不能在其出资者之间分配，只能归属国家、地方公共团体和类似法人。《日本医疗法》规定，基金的剩余额不能在其雇员中分配，包括那些对该医疗团体有贡献的人。[5]

6.1 “医疗法人”设立的相关法律条款

《日本医疗法》第二节　设立

第44条

（1）医疗法人如果不接受都道府县知事的认可的，则不能成立。

（2）欲开办医疗法人的人，依据章程或者捐款行为，至少要确定以下事项：

① 目的；

② 名称；

③ 计划开设的医院、诊疗所或者老人护理保健设施（包含依据《地方自治法》第244条之2第3项规定的由指定管理者管理的作为公共设施的医院、诊疗所或者老人护理保健设施）的名称或者开办场所；

④ 事务所所在地；

⑤ 有关资产和会计的规定；

⑥ 和董事相关的规定；

⑦ 如果是社团法人，有关职工总会以及职工资格得失的规定；

⑧ 如果是财团医疗法人，有关评议员会以及评议员的规定；

⑨ 有关解散的规定；

⑩ 有关章程或者捐款行为变更的规定；

⑪ 公告方法。

（3）欲设立财团医疗法人者，在没有决定其名称、事务所的所在地或者理事的任免方法的情况下死亡时，都道府县知事必须根据利害关系人的请求或者通过职权来规定。

（4）医疗法人成立之初的董事必须通过章程或者捐款行为来决定。

（5）第2项第9号中提出的事项中，在规定剩余财产之归属者的有关事宜时，归属者必须从厚生劳动令规定的国家或者地方公共团体或者其他医疗提供者中选定。

（6）除了该节规定的之外，有关医疗法人的设立认可申请的必要事项通过厚生劳动省令来规定。

第45条

（1）有依据前条第1项的规定的认可申请时，都道府县知事必须在审查与该申请相关的医疗法人的资产和第41条的条件是否相符以及章程或者捐款行为的内容是否违反法令的规定的基础上，决定是否认可。

（2）都道府县知事依据前条第1项的规定来决定是否认可时，必须事先听取都道府县医疗审议会的意见。

第46条

（1）医疗法人在其主要事务所所在地依据政令规定进行登记后成立。

（2）医疗法人在成立时制作财产目录，并须经常把其备案于主要的事务所。

6.2 医疗机构开办许可审查时的确认事项和非营利性的确认事项

6.2.1 开办许可审查时的确认事项

对医疗机构进行开办许可审查时，在审查开办申请者是否为医疗机关开设经营的实质性的责任主体以及是否以营利为目的时要在综合考虑开办主体、设立目的、运营方针、资金计划等方面的同时，在充分认识以下所列事项的基础上进行判断；

在审查时，除了听取开办申请者的说明外，还要努力收集能够判读事实的资料：

第一，有关医疗机关的创办者的确认事项有：

（1）《日本医疗法》第7条规定，所谓创办者是医疗机关的开设、经营的责任主体，原则上不以营利为目的的法人或者医师（牙科医疗行业中称为牙科医师，下同）个人。

（2）所谓开办、经营的责任主体综合来说具备以下内容：

① 有创办者开办、经营该医疗机关的打算。

② 创办者不具有以其他第三者为雇主的雇佣关系（无论有无雇佣契约，实质性的、明了的雇佣状态即包含其中）。

③ 个人创办者和该医疗机关的管理者，原则上不得兼任该医疗机构中的在开办、经营上存在利害关系的营利法人等职务。

但是，属于以下场合并且对医疗机构的非营利性不产生影响时，可以作为例外处理，从营利法人等处借贷医疗机构所需的土地或者建筑物等具有商业交流功能的场合，即因为营利法人等的规模小，把职务变更为第三者短期内很困难和契约的内容被认定为合理这两个条件同时满足的场合。另外，和营利法人等的交易额为少量时也可如是处理。

④ 既是创办者又是法人时，原则上不得兼任该医疗机构中的在开办、经营上存在利害关系的营利法人等职务。

但是属于以下场合且对医疗机构的非营利性不产生影响时，可以作为例外处理，但创办者法人的董事（监事）过半的情况除外。此外，和营利法人等的交易额为少量时也可如下处理，具体而言有以下几种：

a. 从营利法人那里购入物品、产生借贷关系且得到劳务服务等有商业交流的场合，因为不是创办者法人的代表、营利法人等的规模小，把职务变更为第三者短期内很困难和契约的内容被认定为合理这两个条件同时满足。

b. 从营利法人等处借贷医疗机构所需的土地或者建筑物等拥有商业交流的场合，因为营利法人等的规模小，把职务变更为第三者短期内很困难和契约的内容被认定为合理这两个条件同时满足。

c. 以股份有限公司企业再生支援机构法或者股份有限公司东日本大地震灾害失业者再生支援机构法为依据接受支援并从这两机构接受事业再生指导专家派遣的情况（但是，不能成为创办者法人代表）。

⑤ 创办者掌握该医疗机构的人事权（职员任免权）以及职员基本劳

动条件决定权等权限。

但是，根据章程、内部章程委以该医疗机关的干部职员权限的情况不在此范围。

⑥ 创办者为该医疗机关的收益、资产、资本的归属主体以及损失、负债的责任主体。

另外，从第三者借入医疗机构所需要的土地、建筑物或者设备时：

a. 对该土地及建筑物最好进行借贷登记（限于医院，设备除外，下同）。

b. 借贷契约书要合理，租金额和契约期限等的契约内容（因建筑物未建成、未缔结契约的情况下是契约的预订内容）要合理。

c. 租金额不能是医疗机构收入的固定比例。

（3）对于开办、经营的资金计划，要审查以下内容：

① 作为预计收入根据的患者人数等的预计不能过大。

② 作为支出预计根据的人员费用的估计要适当。

③ 可以通过金融机关等的余额证明其确保有必要的自我资本。

④ 拥有借款的情况下，可以通过金融机关等的融资证明等确认确有此借入。

⑤ 第三者提供资金时，不能有和医疗机构的开办、经营相关联的嫌疑。

另外，资金计划要确认《医疗法实行规则》第 1 条之 14 第 1 项第 5 号的维持方法，作为开办后“两年的预计收支”等资料。

创办者是医疗法人的情况下，可以用同规则第 31 条第 7 号代替。

（4）有开办申请者为名义上的创办者，第三者有可能为实质上左右医疗机构的开办、经营之类的指责和情报时，包含这些指责的内容在内要在详查申请文件和真实情况的基础上，进行判断。

（5）《医疗法》第 10 条规定的所谓的管理者是指接受创办者任命、对医疗机关的管理、运营承担责任的人，限定于医师。

此外医院的管理者必须是专职。

第二，关于非营利性的确认事项等：

（1）医疗机关的开办主体不是以营利为目的的法人。

但是，专门以该法人的职员的福利保健为目的的情况不在此范围。

（2）医疗机关运营上产生的剩余资金不分配给管理人员和第三者。

（3）如果是医疗法人的情况，除去法令所认可的以外，不经营收益性事业。

（4）在评定来自营利法人开办不是以福利保健为目的的医院的申请以及评定非医师的个人开办医院的申请时，要事前把其当前职务也进行审查。

6.2.2 有必要进行特别检查时的检查内容

在创办者是实质上的医疗机构的开办、经营的责任主体以及并非以营利为目的等方面产生疑义的医院中，认可该职是必需的情况下，进入审查时，按照前述6.2.1中记载的事项（相关职位不需要检查的事项除外），进行审查。

另外在留意检查权限关系到开办主体的同时，在实施进入检查时，要在事前连其当前职务也包括在内向对象医院进行报告。

在此附注的是：在对医疗法人必须是医院创办者这一点产生疑义时，在认可该职是必需的情况下，要特别指出疑义的内容，及时地依据《日本医疗法》第63条进行入内检查。

6.3 《日本医疗法》对“医疗法人”解散以及合并的规定

《日本医疗法》第五节　解散以及合并

第55条

（1）社团医疗法人因为以下事由解散：

① 出现了依据章程规定的解散事由。

② 不能成功进行目标业务。

③ 职员总会决议解散。

④ 和其他医疗法人合并。

⑤ 职员不足。

⑥ 决定开始进行破产手续。

⑦ 取消成立认可。

（2）社团医疗法人如果得不到总职员四分之三以上的赞成，不能进行前项第3号提到的职员总会的决议，但是章程中有其他规定时不限于此。

（3）财团医疗法人因为以下事由解散：

① 出现捐款行为规定的解散事由。

② 第1项第2号、第4号、第6号或者第7号中提出的事由。

（4）医疗法人如果不能用自身财产清偿其债务时，裁判所要根据理事或者债权人提出的申述或者根据自身的职权、决定开始进行破产手续。

（5）前项规定的情况下，理事必须立即提出开始进行破产手续的申述。

（6）依据第 1 项第 2 号或者第 3 号中指出的事由发起的解散，如若得不到都道府县的认可，不能生效。

（7）都道府县知事在探讨是否承认前项时，必须事先听取都道府县医疗审议会的意见。

（8）医疗法人在因为第 1 项第 1 号或第 5 号或第 3 项第 1 号提出的事由解散时，清算人必须把意旨提交给都道府县知事。

第 56 条

（1）医疗法人解散后的剩余财产，除去因为合并以及决定进行破产手续而解散的情况，要按照章程或者捐款行为的规定，归属于应归属之人。

（2）依据前项规定不能处理的财产归属于国库。

第 56 条第 2 款

解散的医疗法人，在清算目的的范围内，在清算结束之前，依然看成是存续的。

第 56 条第 3 款

医疗法人解散时，除去因为合并以及决定进行破产手续而解散的情况，理事成为清算人。但是，章程或者捐款行为中有其他规定时或者职员总会中选任了理事以外的人的情况下，不限于此。

第 56 条第 4 款

依据前条规定，没有清算人时或者有可能因为缺少清算人有发生损害的风险时，裁判所可根据利害关系人或者检察官的请求或者自身职权选任清算人。

第 56 条第 5 款

拥有重要事由时，裁判所可以依据利害关系人或者检察官的请求或者自身职权解任清算人。

第 56 条第 6 款

清算时就职的清算人必须把其姓名以及住址报告给都道府县知事。

第 56 条第 7 款

（1）清算人的职务如下：

① 现有业务的终了；

② 催收债权以及偿还债务；

③ 剩余财产的交还。

（2）清算人为进行前项各号提出的职务，能够进行所需要的一切行为。

第 56 条第 8 款

（1）清算人从就职日开始到就职两个月以内，至少通过三次公告向债权人催告在一定的时期内应该申述债权。此种情况下，其期间不能低于两个月。

（2）前项的公告中，必须附记债权人如在规定的时间内未陈述债权的，将从清算中排除。但是清算人不能排除明确的债权人。

（3）清算人对于明确的债权人，必须分别催告他们陈述债权。

（4）第 1 项的公告，要登记在政府公告上。

第 56 条第 9 款

在过了前条第 1 项规定的时间后提出申述的债权人只能对医疗法人偿还完债务之后还没有提交给权利归属者的财产提出请求。

第 56 条第 10 款

（1）在清算过程中，发现医疗法人的财产不够偿还其债务时，清算人要及时申述开始进行破产手续，且须报告其意旨。

（2）医疗法人清算中接受了开始进行破产手续的决定时，清算人要把其事务交接给破产管财人，此时其任务结束。

（3）在前项规定的情况下，医疗法人如果在清算中已经支付给债权人或者提交给权利本应归属之人，破产管财人可以将其收回。

（4）依据第一项规定的公告要登在政府公告中。

第 56 条第 11 款

清算结束后，清算人必须把清算文书提交给都道府县知事。

第 56 条第 12 款

（1）医疗法人的解散或者清算由裁判所来监督。

（2）裁判所可以利用职权在任何时候对前项的监督进行必要的检查。

（3）监督医疗法人的解散或清算的裁判所，能够向监督医疗法人业务的都道府县知事寻求意见或者委托其调查。

（4）前项中的都道府县知事能够向同项中的裁判所陈述意见。

第 56 条第 13 款

与医疗法人的解散、清算的监督以及清算人相关的事件属于管辖其主要事务所所在地的地方裁判所管辖。

第 56 条第 14 款

对于选任清算人的裁判不能提出不服从。

第 56 条第 15 款

裁判所在根据第 56 条第 4 款的规定、选任清算人的情况下，医疗法人可以规定支付给该清算人报酬的额度。在该种情况下，裁判所必须听取该清算人以及监事的陈述。

第 56 条第 16 款

对于清算人解任的裁判以及前条规定的裁判，可以进行及时上诉。

第 56 条第 17 款

（1）裁判所为了对医疗法人的解散以及清算的监督进行必要调查，能够选任检查官。

（2）前 3 条的规定，适用于裁判所依据前项的规定选任检查官的情况。此种情况下，第 56 条第 15 款规定的“清算人以及监事”可以改读为“医疗法人以及检查官”。

第 57 条

（1）社团医疗法人在全体职员同意时，可以合并其他的社团医疗法人。

（2）财团医疗法人，仅仅在捐款行为中规定了能够合并时，才能和其他的财团医疗法人合并。

（3）财团医疗法人必须在理事的三分之二以上同意时才能合并。但是捐款行为中有其他规定时不限于此。

（4）如不接受都道府县知事的认可则不生效。

（5）第 55 条第 7 项的规定适用于前项的认可。

第 58 条

医疗法人在得到前条第 4 项规定的都道府县知事的认可时，在该认可的通知发出当天到两周以内，必须制成财产目录以及借贷对照表。

第 59 条

（1）医疗法人在前条规定的时间内，对债权人有异议的，要在一定的时间内公告应该阐述的意旨，而且必须向明确的债权者分别催告。但是时间不能低于 2 个月。

（2）债权者在前项的时间内，对合并没有提出异议的，看作是承认合并。

（3）债权者提出异议时，医疗法人必须还债或者提供相当的抵押或以让债权者接受还债为目的，向信托公司或者经营信托业务的金融机关信托相当的财产。但是，即便是合并也不会危害债权者利益时，不限于此。

第 60 条

在通过合并设立医疗法人时，各医疗法人中选任的人员必须共同进行与章程的制作或者捐款行为以及其他医疗法人的设立相关的事务。

第 61 条

合并后存续的医疗法人或者通过合并设立的医疗法人继承因为合并而消失的医疗法人的权利义务（包含着基于行政厅对于该医疗法人所进行事业的认可以及其他处理而拥有的权利义务）。

第 62 条

合并后存续的医疗法人或者通过合并设立的医疗法人在其主要事务所所在地依据政令规定登记后生效。

第 7 节　非营利性医疗机构聘用人员与公立医院的差别

日本的综合性医院科室设置齐全，功能界定明晰，主要有管理部、临床部、救急部、药剂部、医技部、看护部等。正副院长一般为 2~3 人，院长必须是医疗业务人员，主要负责医院重大事项决策，每周有一定的时间参与医务诊疗工作，日常人财物管理均由管理部负责。日本医院医生与护士比例为 1∶4~1∶6，一个医师通常管理 10~12 张床，护士工作量较大，基础护理、等级护理包括部分简单的治疗均由护士承担。换言之，护士既是全程护理操作者，又是一般治疗项目的执行者。[7]

《日本厚生劳动白皮书》显示，1987~2007年的20年里，公立医院医师减少了11%多，而私立医院增加了25%，这不仅仅说明了医师人数不足的问题，也说明了医师的流向问题。流向问题与诊疗报酬有关。私立医院医师的收入比公立医院高出许多，同时公立医院医师的许多工作在私立医院则由护师承担，医师的工作强度大大降低。[8]但公立医院的医师为公务员。

第8节　对医疗机构使用土地、购买大型设备、新技术应用、税收、结余使用、履行政府规定任务等方面的政策

8.1　大型医用设备采购问题

日本厚生省药务局1989年颁布了《医疗用具质量体系》，该体系的实施在药务局医疗器械课和监督指导课指导下，由都、道、府、县的药事监督员进行。1994年，日本对《药事法》进行了较大修改，进一步完善医疗器械管理办法，决定从1995年起对医疗器械实施全面管理。此外，还在国立卫生实验所设疗品部，对医疗器械进行相关的技术符合和研究工作。

8.2　税收问题

根据所有权的不同，日本医院的分类可以多达25种左右。如果粗略地划分，可以分为以下3类：

（1）政府医院，包括中央政府医院和地方政府医院。此类医院属于纯公立医院，不但免税而且享受一定的财政补贴。

（2）准公立医院，包括日本红十字会、济生会、国民健康保险团体联合会、社会保险相关团体等举办的医院。这类医院从严格意义上讲是私立

医院，但享受免税政策。从理论上讲，在政府财政充足的前提下也可以享受一定的财政补贴，但是这种情况过去从未发生过。

（3）私立医院，由私人开设，必须照章纳税。[3]

各医院经营体的相关政策归纳如表 2-2 所示。

表 2-2　　各医院经营体的相关政策[9]

<table>
<tr><th rowspan="2"></th><th rowspan="2">医院法人税</th><th colspan="2">出　资</th><th rowspan="2">个人继承税</th><th rowspan="2">分红</th><th rowspan="2">社员退社退还请求权</th><th rowspan="2">收益事业</th><th rowspan="2">解散时的分配</th></tr>
<tr><th>企业出资法人</th><th>个人出资法人</th></tr>
<tr><td>有份额的医疗社团</td><td>普通税率</td><td>包含在作为普通出资金额限额的计算里</td><td>不可扣除所得</td><td>交税</td><td>不可</td><td>有</td><td>不可</td><td>根据社员出资额分配</td></tr>
<tr><td rowspan="2">没有份额的医疗社团</td><td>普通税率</td><td rowspan="2">含在作为出资金额的限额计算里</td><td rowspan="2">不可扣除所得</td><td rowspan="2">—</td><td rowspan="2">不可</td><td rowspan="2">无</td><td>不可</td><td rowspan="2">归属于国家、地方公共团体和类似的法人</td></tr>
<tr><td>特定医疗法人减轻税率</td><td>特殊医疗法人可以</td></tr>
<tr><td rowspan="2">医疗财团</td><td>普通税率</td><td rowspan="2">包含在作为普通出资金额限额的计算里</td><td rowspan="2">不可扣除所得</td><td rowspan="2">—</td><td rowspan="2">不可</td><td rowspan="2">无</td><td>不可</td><td rowspan="2">归属于国家、地方公共团体和类似的法人</td></tr>
<tr><td>特定医疗法人减轻税率</td><td>特殊医疗法人可以</td></tr>
<tr><td>宗教法人</td><td>减轻税率</td><td>包含在作为普通出资金额限额的计算里</td><td>不可扣除所得</td><td>—</td><td>不可</td><td>无</td><td>可以</td><td>归属于国家、地方公共团体和类似的法人</td></tr>
</table>

续表

	医院法人税	出资		个人继承税	分红	社员退社退还请求权	收益事业	解散时的分配
		企业出资法人	个人出资法人					
根据《日本民法》第34条的公益法人	不缴税或减少税率	可有两种情况：一种是把甚至与出资金额同等金额列入另外界限，可以算入亏损金额；另一种是包含在作为普通出资金额限额的计算里	有两种情况：一种是可以扣除所得，从出资金额中减去1万日元所得金额算起（以年所得的25%为限）；另一种是不可扣除所得税	—	不可	无	可以	归属于国家、地方公共团体和类似的法人
学校法人	不缴税	把与普通出资金额同金额列入另外界限，可算入亏损金额	可以扣除所得，从出资金额中减去1万日元所得金额算起（以年所得税的25%为限）	—	不可	无	可以	归属于国家、地方公共团体和类似的法人
社会福利法人	不缴税	把与普通出资金额同金额列入另外界限，可算入亏损金额	可以扣除所得，从出资金额中减去1万日元所得金额算起（以年所得税的25%为限）	—	不可	无	可以	归属于国家、地方公共团体和类似的法人

第9节 政府对非营利性医疗机构实施监管的主要内容和方式

9.1 相关制度政策

从总体上讲，日本政府在国家卫生系统建设中至少起着以下三个方面的明显作用：一是负责制定卫生法规，包含从宏观的整体卫生法制框架构建到微观的各种具体规则制定等；二是通过举办国民健康保险和部分从业者医疗保险（主要对象是小企业），提供部分医疗保险服务，政府还对极度贫困人群实行医疗援助（据1999年统计，有80万人受此援助）；三是承担部分医疗服务提供者的角色。日本政府（含中央和地方政府）拥有的医院，占全国医院总数的15%和全国医院总床位的23%（2005年5月的统计数字，来源于日本厚生劳动省数据库）。另外，各级地方政府还通过被称为“保健所”的机构提供传染病预防、流行病和卫生信息统计、营养卫生、环境卫生、母婴保健等公共卫生服务。尽管这些职能面向全体医疗机构，但由于私立医疗机构是国家医疗机构的主体，所以，以上职能自然也构成针对私立医疗机构政府职能的主要内容。[1]

针对私立医疗机构的具体职能而言，概括地说，日本政府既积极扶持私立医疗机构的发展，也制定措施监督和确保私立机构的健康成长。“自由开业制度（指日本的任何执业医师都有权利开设诊所）”和“二战”后的“医疗法人制度”等，为私立医疗机构的自由发展提供了制度保障。同时，根据各种类型医疗保险制度的规定，日本在医疗保险支付上，对公、私立医疗机构一视同仁，为私立机构的顺利成长提供了财政保障。[1]

日本政府制定的与医疗服务机构相关的规则主要包括以下内容：(1) 医疗服务价格的制定和修改：日本实行“按服务付费”的医疗保险支付系统，服务价格由政府制定，每两年修改1次。(2) 区域性医疗规划：依据医疗法和健康保险法等法律的内容，各地方政府制定本地域的“医疗规划”。该制度从1985年创立以来，其具体内容随着医疗环境的变化而不断改进，其中一项重要内容是规定一定区域内的基准病床数，当区域内现有病床数超出基准病床数后，若还有医疗机构申请新增病床，政府会予以劝阻，同时，保险机构不予以支付医疗费用。（3）医疗人力资源规划：政府对医科院校录取学生的人数加以限制，对每床位配备医生和护士的人数也有明确规定，从而能将医疗人力资源控制在合理的范围内。（4）医疗从业者资格许可制度：医生、护士等医疗人员必须获得资格许可证后方可从业。（5）对医疗广告的规定：医疗广告被严格控制，但近年来有放松的趋势，一些以前不能开展的广告项目开始被解禁。（6）对医疗机构开设者的规定：日本规定所有医疗机构（包括私立医疗机构）均属非营利机构，从而禁止企业参与医院的开设和经营。但最近，企业参与医疗经营的改革也在探索之中。

日本政府积极主办各类医院，他们除了和私立医院一样提供基本医疗服务外，更多地将精力集中在一些被称为“政策性医疗服务”的领域，从而与私立机构的服务形成互补。例如，高新医疗技术的应用，对艾滋病、麻疯病、结核病等特殊疾病的治疗、急救、医疗教学和科研等，这些领域具有投入成本高、风险大、收益不明显等特点，私立医院常常不愿开展。另外，一个政府弥补私立医疗机构市场缺失的例子是，政府为减少“无医地区”而采取的有关措施。日本政府将半径 4 公里、人口 50 人以上且不能直接利用医疗服务机构的居住区域定义为“无医地区”。这些区域往往因为受经济条件限制，没有确切的收益保证，私立医院不愿进入，成为私立医疗机构为主体的日本医疗服务体系的长期弊病。日本中央政府从 1956 年开始到 2005 年，已经是第 9 次制定“边远地区医疗服务计划”，采取了多种对“无医地区”进行医疗援助的措施，政府积极在此类地区开设公立医疗机构，从而有效解决了这个难题。据统计，1966 年日本全国“无医地区”2 920 个，“无医地区”人口 1 191 312 人；到 1999 年“无医地区”减少为 914 个，“无医地区”人口减少为 204 536 人。[1]

9.2 《日本医疗法》对医疗法人监督的规定

第六节　监督

第 63 条

（1）医疗法人在其业务或者会计方面，有违反法令、都道府县知事依据法令进行的处理、章程或者捐款行为的嫌疑时，或者其经营有明显地欠缺公正的嫌疑时，都道府县知事可以要求相关医疗法人对其业务或者会计的状况进行报告，或者让相关职员进入该事务所，检查业务或者会计的状况。

（2）第6条之8的第3项以及第4项的规定，适用于根据前项的入内检查。

第64条

（1）医疗法人在其业务或者会计方面有违反法令、都道府县知事依据法令进行的处理、章程或者捐款行为的嫌疑时，或者其经营有明显地欠缺公正的嫌疑时，都道府县知事能够对相关医疗法人设定期限、命令其采取必要的措施。

（2）医疗法人在不遵循前项的命令时，都道府县知事可以对相关医疗法人设定期限，命令其停止全部或者部分业务，或者劝告其解任其职员。

（3）都道府县知事依据前项规定，命令停止业务，或者劝告解任职员时，必须要事先听取都道府县医疗审议会的意见。

第64条第2款

（1）都道府县知事在医疗法人符合以下各号的某一项时，可以取消社会医疗法人的认定，或者设定期限，命令停止全部或者部分收益业务：

① 当欠缺第42条之2第1项各号中指出的条件时。

② 当进行章程或者捐款行为规定之外的业务时。

③ 收益业务产生的收益不用于该社会医疗法人开设的医院、诊疗所或者老人护理保健设施的经营时。

④ 收益业务的继续开展被看成是妨碍社会医疗法人开设的医院、诊疗所或者护理老人保健设施的业务时（包括指定管理者管理的医院等）。

⑤ 通过不正当的手段获得第42条之2第1项的认定时。

⑥ 违反本法或者依据本法的命令或者基于本法等的处理时。

（2）都道府县知事在依据前项规定取消认定时，必须要事先听取都道府县医疗审议会的意见。

第65条

医疗法人成立后或者停歇、废止所有的医院、诊疗所或者老人护理保健设施后一年内，在没有正当理由的情况下，在不开设或不重新开设医院、诊疗所或者老人护理保健设施时，都道府县知事可以取消设立的认可。

第 66 条

（1）在医疗法人违反法令的规定或者都道府县知事基于法令规定的命令的情况下，当不能通过其他的方法达到监督的目的时，都道府县知事可以取消设立的认可。

（2）都道府县知事在依据前项规定取消认定时，必须要事先听取都道府县医疗审议会的意见。

第 66 条第 2 款

厚生劳动大臣在都道府县知事不依据本法第 64 条第 1 项以及第 2 项、第 64 条之 2 第 1 项、第 64 条以及前条第 1 项的规定进行处理并认为这有可能显著地危害公共利益时，可以指示都道府县应该依据这些规定进行处理。

第 67 条

（1）都道府县知事在不认可依据本法第 44 条第 1 项、第 55 条第 6 项或者第 57 条第 4 项所规定的认可或者依据本法第 64 条第 2 项所规定的劝告解任职员时，必须给予该处分的目标人或者劝告的对方、指名的职员或者其他的人员辩白的机会。在此种情况下，都道府县知事必须通过书面的形式向该处理的目标人或者劝告的对方事先通知辩白的日期、地点以及应该进行的相关处理或者相关劝告的事由。

（2）接受前项通知的人可以让代理人出面并且提供有利于自己的证据。

（3）听取第 1 项规定的辩白的人，制成记录册，在保存记录册的同时制成报告书，并且必须针对进行该处分或者该劝告的必要性向都道府县知事阐述意见。

第 68 条

与一般社团法人以及一般财团法人相关的法律（《平成 18 年法律第 48 号》）第 4 条、第 78 条、第 158 条和第 164 条以及《公司法》第 662 条、第 664 条、第 868 条第 1 项、第 871 条、第 874 条（限于与第 1 号相关的部分）、第 875 条和第 876 条的规定适用于医疗法人。在该种情况下，《公司法》第 664 条中“分配给职员”应该重新解读为“剩余财产归属于应归属者或者国库”。

第 68 条第 3 款

除了本章特别规定的事项外，关于医疗法人监督的必要事项通过政令规定。

第 10 节　非营利性医疗机构运行及后续发展的主要筹资来源

10.1　非营利组织的筹资

日本非营利组织的筹资是私人付费主导型，即私人付费是非营利组织的主要资金来源，其次是公共部门支持，最后是民间捐赠。在日本非营利部门收入中，私人付费所占的比例为 52%，政府支持为 38%，2% 来源于民间捐赠。[10]

10.2　非营利性医院筹资

在医疗法人筹资方式方面，国有公立医院由政府提供设备建设费，对经营费也给予补贴，而且还不交税。厚生联合医院、日本红十字医院、慈善会医院等公立医院和公益法人医院也在资金补贴及税制方面享受优惠。厚生联合医院有以农林中央金融为首的农协系统金融机构作后盾，资金筹集渠道顺畅。

慈善会医院和日本红十字医院虽然从民间金融机构筹集资金，但慈善会（73 所医院）、日本红十字（92 所医院）各自都是全国统一的团体，在某种意义上也可以说这些医院是一个大连锁医院。而且，济生会是恩赐财团，它的成长一开始就与声誉相关，领导层是由各地的知事等当地知名人士担任，银行信用度高，资金筹集原则上无困难。

另外，依据医院的类型，除有国家和地方自治团体的补贴外，日本灾害保险协会、日本财团、日本汽车振兴会这些团体也给予一些补贴。

在这些公立医院里，即使在贷滞时代，资金基本上也不困难。其他的民间医院中，学校法人、宗教法人，企业医院因为有可依靠的母体，有其母体的信用作后盾，所以相比较而言，资金也不困难。

反过来再看医疗法人，原则上得不到补贴，税金也按收益事业办理，大型连锁医院除外，许多医院都是独立的，没有可依靠的地方，真正是全靠自己的信用度，独立地进行医院经营的。

不过接受这种待遇也有其背景，在拥有固定份额的医疗法人中，因为通过还款请求权、剩余资产分配请求权等，以总汇的形式分配内部准备金，所以个人财产色彩强，为确保经营权，允许世袭继承。[9]

日本医疗法人资金来源主要有政府补贴、向民间金融机构借款、母体补贴（建立和经营医疗机构的公益团体、学校团体、财团法人等给予资金援助）。在日本，对非营利性医疗机构的捐款不多，因为医疗法人不属于法律规定的“专门公益团体”，只有直接对“专门公益团体”的捐赠才可以免税。日本医疗法人为了更好地发展，还利用了一些新的筹资方式，一是灵活利用金融工具，包括医疗报酬债权流动化和不动产投资信托；二是发行债券；三是政府补贴。[5]

公立医疗机构和私立医疗机构在运营补助费、津贴，设施、设备补助费等方面差别不大，但在不动产的固定资产税、收入课税、工作形式、工资体系等方面有所不同。[2]

在政府补助方面，日本的医院绝大多数为非营利性，由国家或地方政府投入。建设医院的投入 70% 来自于医疗保险和医疗保险的个人支付部分，30% 来自政府的补贴，主要用于大型医疗仪器设备的购置、建筑、维修和弥补医院经营赤字。[7]

第 11 节　对医疗机构的管理

11.1　关于医院的医疗质量管理

日本是一个卫生法制健全的国家，仅涉及医疗服务和医务人员权利义务等方面的立法就有 14 种，主要有《日本医疗法》、《日本医师法》、《日本护士法》等，医院的各种制度和规范都非常健全。[7]

日本卫生管理部门采取以下措施，并用法律形式予以明确：一是严格规定了医疗机构设置审批的权限。都道府县市要新设医疗机构或增加床位数，必须由该区域的政府提出申请和报告，然后由厚生省审批确认，审批权限集中在厚生省。二是实行计划医疗。1985 年《日本医疗法》明确了计划医疗，所谓计划医疗主要是强调以医疗区域为单位配置必要的床位数。医疗区分为三级，能提供高度特殊性医疗服务的为三级医疗区；能提供普通住院医疗的为二级，现全国划分为 314 个二级区域，必要床位以二级医疗区为设置单位；一级医疗区是社区保健区，是从事医疗保健的最基本单位。三是明确医疗机构的功能，1992 年对《日本医疗法》进行了第二次修改，这次修改着重于医疗机构的功能，设置了两大医疗机构群，即能承担高度医疗的"特定功能医院"与适合疗养的"疗养型病床群"，对特定功能医院基本上强调转诊制度。这虽然从一定程度上限制了国民对医疗的选择权，但对各类医疗机构发挥各自的功能和特长，充实和强化社区保健，起到了一定的作用是医疗管理上必不可少的程序。同时，鼓励"家庭介护医疗"，把长期需要住院治疗或疗养的病人转入"家庭介护医疗"。四是实施医疗机构之间联合，特定功能医院逐步转向急诊、住院医疗，一般不设门诊部，根据病情与病程进行双向转诊。

11.2 对民营医院的发展政策

1999 年日本政府颁布了《利用民间资本发展公共事业法（PFI）》的政令。该法制定的目的是为了利用民间资金、经营能力（如技术能力）促进公共设施（含医疗机构）的建设、维持管理和运营。该法出台将近 5 年，日本地方政府举办的 1 380 家公立医院中有 136 家已经改制。

医疗机构民营化的方式三种。一是 BOT（Build-Operate-Transfer），即医疗机构由民间企业建设、所有、经营一定时间以后，再移交给政府；二是 BTO（Build-Transfer-Operate），即医疗机构由民间企业建设，建成后所有权立即移交给政府，但拥有一定期间的运营权；三是 BOOT（Build-Own-Operate-Transfer），即医疗机构由民间企业建设，建成后立即移交给另一企业，由后来的企业运营一定期间以后，再移交给政府。[11]

11.3 国立医院改革：独立行政法人化

日本中央政府直接管辖的国立医院有 154 家，60 506 张病床，有职员 46 607 人，2003 年年度收入为 7 554 亿日元，支出为 7 665 亿日元，承担着国家级高水平医学教研任务。由于政府财政税收不足，补助经费困难，加上医疗经费上涨，人口老龄化，医疗需求增长，因而日本采取了国立医疗机构独立行政法人化，出台了一系列法规：《独立行政法人国立医疗机构法》、《国立医院特别会计法》、《独立行政法人通则法》、《独立行政法人福利医疗机构法》以及《独立行政法人福利医疗机构的融资制度》等。这些法规基本内容是对国立医院进行以下几个方面的改革：

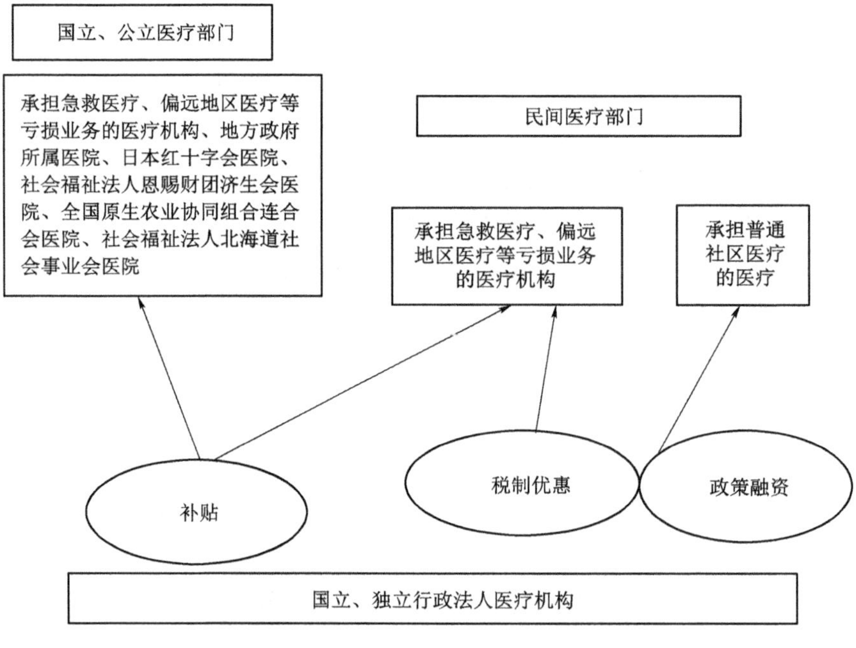

图 2-1　日本政府对医疗机构的经营政策

第一，改革财政补助。由过去收支两条线改为定额定向津贴。即过去收入全额全部上缴财政，支出按预算拨付。医院干好干坏与财政补助无关，不计算成本。改为独立行政法人之后，财政对国立医院实行定额补助，按规定项目如诊治结核病、急救等实行差额补助，扣除已在该项目的诊断收入，不足部分由政府按差额给予补助。政府财政要求各国立医院每年上交业务总收入的3%作为国立医院之间的调剂费用。各医院上缴3%之后如有结余可留在医院自主支配使用。

第二，医院会计制度要由预算制改为公司化的成本核算制。改革前医疗有关费用由医疗收入解决。基建、设备、人力资源不列入运营成本，不从医疗收入列支。改革后运营成本（包括房屋、设备、人力等）全部列入医疗收入解决。改制后带给医院较大的难题是预留退休金问题。154家国立医院的职工2004年要支付440亿日元退休金，改革前由政府拨款，改革后要医院支付。因此政府规定有利润留成的医院用利润留成来补充退休金。

第三，人事分配制度和组织机构设置放权给院长。改革前医院内部机构设置、人员编制、工资支付标准均由政府统一制定，按财政预算支付，改制后医院院长有权自行调整用人数量，工资改为基本工资加业绩工资。首先从院长开始。过去国立医院护士工资高于私立医院护士工资约20%，现在降为10%。

第四，压缩开支、缩减债务。1963年国立医院同时面临房屋陈旧、设备老化，需要政府投入大量资金，政府拨款已无法解决，因此政府决定建立一个独立行政法人福利医疗机构专门对医疗、保健、福利等机构从事贷款业务，将邮政储金和养老金储备用于医院。贷款放贷给予时间长（一般借期为25年）、低息等优惠条件，要求医院自行偿还本息。至2004年已欠款750亿日元，要还债600亿日元。改制后医院面临巨大压力，必须压缩开支，提高效益，偿还债务。过去靠政府拨款修房、买设备不压价；现在要努力采取压缩购置设备、药品、耗材等措施，减少库存，加强资金周转[11]。

日本的公立医院主要有政府投入和集中管理的国有医院，以及由大学、社团法人、社会保险、福利机构开办的医院。其中国立医院的人事权、财权、分配权都由政府控制，且享有国家财政投入。日本的国立医院多数都经营不善，出现了严重亏损，常受到舆论的严厉批评。

为实现公立医院扭亏为盈，压缩成本，提高运营水平，2004年4月，日本的154家国立医院实行独立行政法人化，政府向医院下放人事权、财权和分配权，政府只补贴医院的结核病治疗、小儿急救等领域，以及没有诊疗收入的科研领域和转制前的退休人员的退休金。改制后国立医院要在5年内扭亏为盈。由福利机构等部门开办的公立医院也于2003年开始实行独立行政法人化，地方政府所属的医院向民间移交。政府对各种类型的医院承担急救医疗、偏远地区医疗等亏损业务实行扶植政策。

据介绍，在转制之前，日本政府给国立医院的补贴占医院收入的11%，转制后除去退休金补贴外，补贴只占1%。[12]

11.4 日本医院的经营状况及内部管理

日本医院的经营管理根据医院的性质有所不同。日本公立医院的经济运行和经营，与我国医院“差额补贴”模式颇为相似，医院收入主要靠医疗保险收入和政府补贴，分别约占70%和30%。从部分医院收入结构得知，住院收入约占50%，门诊约占36%，其他门诊收益占15%。医院药品利润率在15%~30%不等，每床费用为3.0万~3.5万日元，由于人头费、低床位使用率和周转率等因素，使80%以上的公立医院处于经营亏损。面对经营亏损，日本的一些医院在经营管理上采取了一些行之有效的对策：一是每天把医院经营状况、床位使用情况的统计告知医生与护士，使全体医务人员参与医院管理；二是与小型医院、诊所保持良好的合作关系，需长期住院的病人转出去，急重病人转进来，有点“医院集团化”的味道；三是把非医疗性项目全部委托给企业，减少人头费开支；四是借鉴企业做法，设备、仪器中心化，以提高使用效益、减少开支、降低成本等。这样，这些医院非但没有亏损，还有盈余来添置医疗设备。

在医院内部管理方面，日本医院内部管理体制较严密，主要分为三大类部门：临床部门、医技部门、管理部门。由于医院内部体制精简合理，基本上形成了“以病人为中心，以病人看病作业流程为主线”的运行体制。挂号、收费、出入院、病案管理、信息管理均属管理部，无论病人看病流程，还是内部管理，效益高且方便病人。

日本医院的门诊诊疗大多数是主任和高年资医师。日本医院的部长即等同于我们的科主任和高年资医师，是门诊诊疗的主要承担者。他们每周仅查房几次或实施手术，平时主要精力在门诊和门诊特约病人，住院病人的常规诊疗则由年轻医师担任。把主任与高年资医师安排在门诊诊疗工作，至少有以下几点益处：一是有利于病人，病人初诊时就可以得到高质量的诊断和治疗，减少复诊和候诊；二是有利于减少费用，可以说重复就诊无疑是医疗费用上升的一个重要原因；三是有利于青年医师培养，青年医师集中病房可系统观察病症和病情，而不是在门诊“充当劳动力”。

第12节 非营利性医疗机构的规模、主要功能、服务能力、在本国医疗服务市场中所处地位等的一些基础数据

12.1 公、私立医疗机构的比重

近30年来，日本的私立医疗机构在国家医疗服务体系中的主体地位没有改变。2003年10月，日本共拥有医院9 122家。日本私立医院占国家医院总数的比例，从1975年的76.5%上升到1990年的最高值81.1%，此后略有下降，到2003年仍维持79.9%的高比例；私立诊所占国家诊所总数的比例则一直稳步提高，从1975年的占93.5%上升到2003年的占94.2%。[1]

日本私立医疗机构包括个人、医疗法人、其他法人等不同种类。从近30年来各种类型的私立医疗机构构成变化可见，个人医疗机构数量在不断减少，个人医院占国家医院总数的比例在1975年为39%，到2003年降低为9.2%；个人诊所占国家诊所总数的比例，从1975年的86.3%减少为2003年的54.3%。而医疗法人机构数量在不断增加，医疗法人医院占国家全部医院总数的比例从1975年的28.6%提高为2003年的61.3%；医疗法人诊所占国家总诊所数的比例，从1975年的0.8%上升为2003年的29.5%。其他法人私立医疗机构（主要包括公益法人、社会福利法人、学校法人等）在保持基本稳定的基础上也略有增加。为保护和培育私立医疗机构，日本于1950年制定了医疗法人制度，规定符合一定规模的个人医疗机构可以取得法人资格。这个制度通过税制优惠等措施，给传统的个人开业医疗机构提供了资金积累、设备更新、方便运营等有利条件，从而促进了传统个人医疗机构向医疗法人的转变，这也是战后日本私立医疗机构快速发展的重要原因之一。[1]

表2-3和表2-4分别对日本公立医院与私立医院、公立诊所和私立诊所的基本情况进行了对比。

表 2-3　日本公立医院与私立医院基本情况比较（2005 年 5 月末）

类型	机构数	构成比（%）	病床数	构成比（%）	平均病床数
公立医院					
中央政府设立	299	3.3	126 057	7.7	422
地方政府设立	1 057	11.7	250 115	15.3	237
公共团体设立	303	3.4	100 957	6.2	333
社会保险设立	129	1.4	36 935	2.3	286
小计	1 788	19.8	514 064	31.5	288
私立医院					
医疗法人	5 659	62.6	835 427	51.3	148
个人	722	8.0	66 663	4.1	92
其他法人	866	9.6	213 691	13.1	247
小计	7 247	80.2	1 115 781	68.5	154
合计	9 035	100.0	1 629 845	100.0	180

注：数据来源于日本厚生劳动省 2005 年 5 月的医疗设施动态调查月报（http://www.mhlw.go.jp/toukei/saikin）。

表 2-4　日本公立诊所与私立诊所基本情况比较（2005 年 5 月末）

类型	机构数	构成比（%）	病床数	构成比（%）
公立诊所				
中央政府设立	621	0.6	2 401	1.4
地方政府设立	3 704	3.8	3 189	1.8
公共团体设立	318	0.3	97	0.1
社会保险设立	760	0.8	44	0.0
小计	5 403	5.5	5 731	3.2
私立诊所				
医疗法人	30 475	31.2	97 516	55.3
个人	51 379	52.6	71 200	40.3
其他法人	10 479	10.7	2 037	1.2
小计	92 333	94.5	170 753	96.8
合计	97 736	100.0	176 484	100.0

注：① 表中没有列出牙科诊所，该类设施中私立医疗机构占 99.5%（同月数字）；② 数据来源于日本厚生劳动省 2005 年 5 月的医疗设施动态调查月报。

12.2 私立医疗机构的经营状况

在政府对公立医院进行资金补助的情况下，私立医院收支结余偏优，有赤字的私立医院比例较少，这说明私立医院的经营状况较好。分析其原因，除了私立机构具有追求利润的原动力以及在经营上采取传统的“低成本、多吸收患者”政策外，以下因素也不可忽视：（1）私立医院不愿进入偏远地区，但政府公立医院却责无旁贷，而且政府规定必须给该类地区医生较高的报酬，所以导致了政府公立医院薪酬支出较高；（2）在日本流行的年功序列工资制下，政府公立医院高龄职员多，这也是造成公立医院薪酬支出比例高，从而影响经营效益的原因。从工作数量指标上看，由于门诊患者向设备先进、技术全面的公立大医院集中，私立医院的门诊患者数量不如公立医院多，因此，多吸收住院患者是私立医院竞争生存的重要手段。[1]

日本的公立医院由各地方政府（省政府或直辖市政府）建立，在急救医学、农村卫生保健、癌症艾滋病治疗等方面占主导地位，其病床数量大致占总床位的15.4%。公立医院的财政收入来源于公共社会保险计划和地方政府的财政津贴，还有一部分直接来自于中央政府的补贴。但是，在过去的5年中，有超过50%以上的公立医院出现运营赤字。[10]

参考文献：

[1] 陈校云．日本私立医疗服务机构及相应政府职能简介．中华医院管理杂志，2006，22（11）：788-792.

[2] 王虎峰．日本医疗法人制度及借鉴意义．中国卫生产业，2005（11）：84-85.

[3] 顾涛，等．日本医院管理及对我国卫生改革的启示．中国医院管理，2007，27（1）：57-59.

[4] 王励．日本医院的产权制度改革．当代医学，2003，9（7）：26-27.

[5] 袁蓓蓓，于保荣，高光明．日本非营利性医疗机构资金投入、退出研究．卫生经济研究，2007，6：19-23.

[6] 阎嬴，赵静．日本医疗法的修订给我们的几点思考．中国康复理论与实践，2004，1（5）：2.

［7］刘小青．日本医院管理一瞥．国际医药卫生导报，2002（06A）：7-8.
［8］张长安．日本医疗社会现状及问题思考．中国医学伦理学，2010，23（5）.
［9］田彦梅，边文．日本医院重新筹资的可能性．国外医学·卫生经济分册，2002，19（1）：39-46.
［10］郭国庆，李先国．国外非营利机构筹资模式及启示．经济理论与经济管理，2001，12：22-27.
［11］梁铭会，夏京辉．日本公立医院改量经验分析．中国医院，2005，9（9）：76-78.
［12］金永红，等．日本公立医院“国退民进”．医院领导决策参考，2004，20：17.

第 3 章
德　　国

第1节 医疗机构分类及医疗管理体制

德国的医院分为三类：公立医院、私立非营利医院和私立营利医院[1]。公立医院由政府投资举办并接受政府直接管理或由大学代管；非营利医院通常由教会或慈善机构设立并管理；德国私立医院也是政府投资兴建，然后委托给私人机构（如私人股东、私营保险机构等）经营。上述三类医院中，公立医院所占比重最大，在国家医疗服务体系中占主导作用[2]。

过去20年，德国的医院市场经历了一系列卫生改革，特别是2004年引入了以提高医院效率为目标的病种管理模式（DRGs），其明显标志之一就是私立医院数量的增长[3]。

德国医院注重提供住院服务，只有大学医院有正式的、最初用于科研和教学的门诊主要设施。近年来，他们还以移动设备为基础提供特殊服务（如门诊病人化疗），已与疾病基金签定合同并得到认可[4]。

在德国的2 030家综合医院中，约790家是公立医院，820家是私立非营利医院，420家是私立营利医院，床位利用率分别为55%、38%和7%。另外，还有将近1 400家机构，这些机构拥有190 000张床（每千人2.32张床）用于预防和康复护理服务。与综合医院相比，疾病预防与康复护理机构的所有权情况有所不同：公立疾病预防与康复护理机构、非营利疾病预防与康复护理机构、营利疾病预防与康复护理机构分别为15%、16%和69%。[4]

目前，德国医院的总数正在逐渐减少，其中：私人医院的比例不断增加，平均住院日缩短，医院床位数呈下降趋势。在不同类型的医院中，1/3的医院是政府、公共团体和社会保险机构提供资金创办的公立医院，所占比重最大，其病床数占全国总病床数的54%，在德国医疗服务中占主导地位；

1/3 的医院是宗教慈善团体或各种基金会捐款创办的非营利性医院，病床数占总床位数的 38%；1/3 是营利性医院，由私人独资或合资创办，病床数占总床位数的 8%[5]。德国医院的收入来源主要是国家投入、法定健康保险和私人保险机构提供的保费及社会救济（如教会、慈善机关捐款）等[6]。

由于德国各种医院的运营收入均来源于各类保险方。非营利医院会与保险方就医院的补偿额进行协商。对于绩效水平差的医院，疾病基金会可能会撤走资金补偿，具有明显的竞争压力。

除图 3-1 中所列法定参与者外，德国还有许多慈善组织，因为太多而不能一一列举，在这方面可能与它们的母公司关注利润的目标不同。

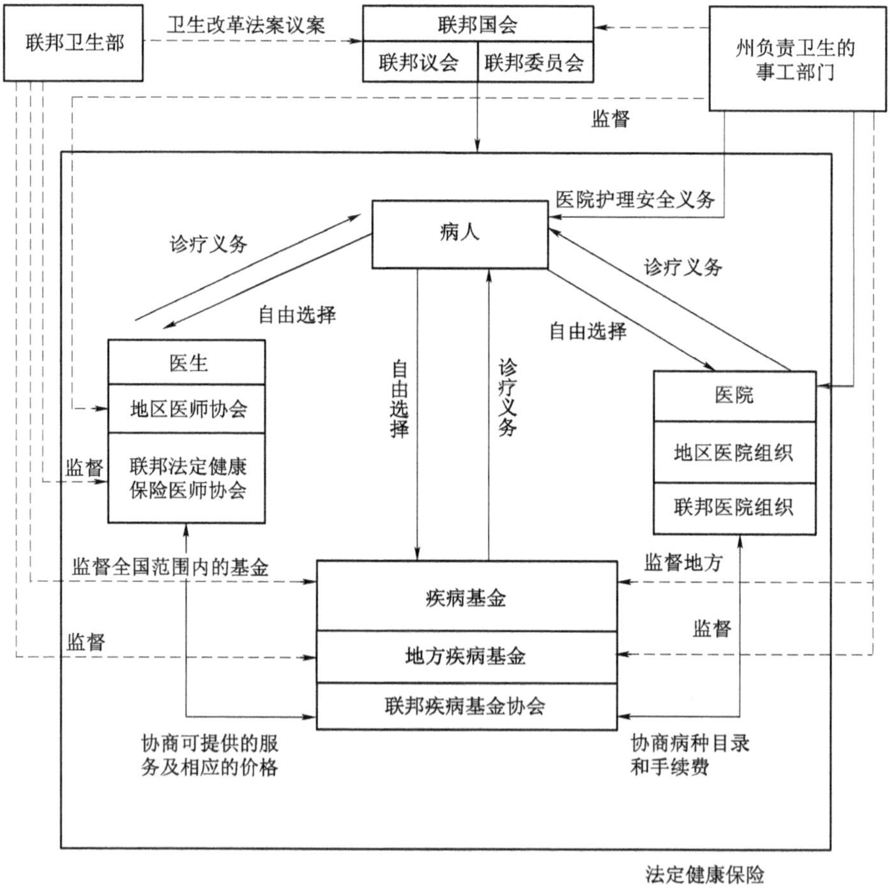

图 3-1　卫生保健康系统主要参与机构间的关系

第2节 关于非营利性医疗机构的基本法律法规

2.1 非营利机构的基本法律法规

德国16个州中，在立法、管理、组织、支付、筹资、救援和急救服务等方面有一定的区域性差异[6]。

《德国医院管理法》规定医院通常由州卫生部和区卫生处负责行政管理。法律规定，医院不负责处理医疗事故，医患纠纷统一由医师协会调查解决，医师协会的行业管理比行政处分更有约束力[7]。

2.2 德国法律法规对非营利医疗机构的强制性要求

2.2.1 对所有制、医疗质量及竞争的要求

就性质而言，德国公立医院合并转制后的公司属于有限责任公司，不在证券市场交易。根据德国法律，有限责任公司应是合作制的，实际上是一种合作伙伴关系，各组成部分没有独立的法人地位[8]。

2004年联邦质量管理办公室（Federal Office for Quality Assurance）发布报告，要求德国所有的医院每年提供相关信息和数据，并由疾病基金会每两年在网站上公布质量报告。2007年制定的《加强法定医疗保险竞争法案》（Statutory Health Insurance Competition Strengthening Act），强调要加强疾病基金会与医疗服务提供者之间的竞争力度，目的在于提高医院的效率和服务质量。

2.2.2 《德国税收通则》对非营利性医疗机构的要求

2.2.2.1 对非营利性医疗机构目的的要求

《德国税收通则》规定非营利性机构追求公益的、慈善的或者宗教的目的。若非营利性机构的行为无私地促进公众在物质上、精神上或者习俗上的发展，则该团体具有非营利性目的；反之，若其受益人群是封闭的（比如说一家公司的家庭或者全体员工，或者因为其对受益人群的性质有

所限定，特别是地域上或者工作上的限定，而长期保持小范围），那么这种促进不能称为对公众的促进。且若一团体向另一个公法团体输送物资，并不能说明该团体对公众有促进作用[9]。

2.2.2.2 对非营利性医疗机构提供服务的要求

国内非营利性机构在章程规定上和实际经营管理中不能追求《联邦宪法保护法》第 4 条下的目的，不能违背民族理解的思想。财政当局需将追求《联邦宪法保护法》第 4 条中的目的的嫌疑的、有违背民族理解思想的嫌疑的行为事实告知宪法保护局。

国外非营利性机构服务于其住所或者常住地在这项法律的保护范围内的自然人，且该团体在符合享受税收优惠的经营目的的同时，还需为提升联邦德国在境外的声望做出贡献[9]。

第 3 节　法律对非营利性医疗机构的组织形式、章程等方面的规定

3.1 法律规定下的医院经营人

医院可以根据其经营人的不同进行分类。这里的经营人指的是独自承担责任地对医院进行管理的人。根据不同的经营人，医院可以分为公立合法医院、自由公益医院和私立医院。[10]

3.1.1 公立合法医院

公立合法医院指的是由地方团体（联邦、州、地区、乡、镇）或者这些地方团体的联合体经营的医院。联邦统计局给出的信息中将有着合法自主形式的、地方团体或其联盟在其中直接或间接参与 50% 以上的名义资本、或者享有 50% 以上的投票权的机构算作是公立机构。

3.1.2 自由公益医院

自由公益医院的经营人是教会的自由福利事业、教区、基金会或者社团。根据《德国税收通则》中对于非营利性的规定阐述，这些机构都不能以营利为主要目的。这些医院以生存救济、人道主义和博爱的原则为行为动

机，以追求“满足居民对于全日住院和非全日住院的需求”为自己的主要目标。

这些机构同时也是非营利性组织。他们在收入的使用上与其他组织相区别。非营利性组织通过与（非营利）目标相符地使用它们的收入来达到特定的目的。

国家方面给予这些组织以税收上的优惠。这些优惠政策的合理性在于，这些组织减少了国家自身供给任务的压力。

3.1.3 私立医院

私立医院是工商业的公司，根据《德国工商业管理条例》第30条，他们必须持有官方许可才能营业。相应地，这些医院的经营都具有营利的目的。他们的经济目的就是营利。他们的产出目的，说明实现医疗和护理工作在这里只是实现经济目的的手段。私立医院也可以被纳入联邦州的医院需求计划之中。在这种情况下，这些医院需要签订接纳患者计划的合同。因此，私立医院也有可能因为帮助国家完成供给任务而受到国家支持。

3.2 法律规定下的医院法律形式[10]

3.2.1 法律形式的意义

法律形式是指人的联合的法定组织形式。一家医院的法律形式可以法律上的形式进行定义，这种形式从内部关系和外部关系上规定了对第三方的法律关系。

法律形式确定了医院运营的内部和外部结构。一家医院对于法律形式的选择也同时决定了许多事实情况。

比如说，从外部关系来说，对于法律形式的选择影响了公司代表和法律责任。因为这里的法律关系只是对第三方而言的，所以其法律规定具有绝对的强制性。

与之相对的，内部关系指的是股东和公司之间的，以及公司与公司之间的法律关系。出于这个原因，一个合法的准则就有了绝对的决定权。它决定了内部组织的框架，包括对意志形成、决策、决策实施和实施监管的规定。法律形式的选择除了有这些普遍作用，对于公立合法医院来说，它还影响着组织结构和联邦雇员劳资协定的义务。对于法律形式的选择通常是一种长期决策。需要根据特定的评判标准、通过比较在有限的公司形式中可选择的形式来进行。通常来讲，这些评判标准有普通企业管理的标准、公司法的标准和税收的标准。

3.2.2 法律形式的分类

法律形式可以分为公法的组织形式和私法的组织形式。公法的组织形式是只有公共管理机构才能使用的形式。与之相对的，私人以及公共管理机构都可以使用私法的组织形式。

私法的组织形式可以分为独资公司、其他企业形式和公司形式，其主要有人合公司（民法公司、无限公司、合资公司、合伙公司、静止公司）、资产公司（股份有限公司、股份公司、欧洲股份公司、两合股份公司）、其他法人形式（注册合作社、相互保险公司等）以及所谓的混合模式和联合模式。

在公立合法的形式中又对有自己的法人资格的形式和没有自己的法人资格的形式加以区分。对于医院经营的法律形式来讲，它一方面要受普通法律条文的束缚，另一方面也要受制于医院相关的特殊法律规定。

在法律形式的选择上，私立医院和自由公益医院只可以选择私法的法律形式。而与之相对的，公立合法医院原则上既可以选择私法的、也可以选择公法的法律形式。

3.2.3 相关法律对于医院法律经济形式的规定

在特别为医院做出的规定中，有一些是对法律形式的选择做出规定的，需要被考虑进来，即医院财政法（关于保障医院经济和规定护理费的法律）、联邦救护费用行政命令和医院簿记行政命令、各联邦州医院法。

3.2.3.1 医院财政法

医院财政法的设立目的是按需确保公民的医疗保障的实施，其辅助条件是，尽可能地从经济角度实现这个目的。

在医院运行的法律形式这一方面，医院财政法却是保持中立的。在其第1条中仅仅要求了医院应自己承担责任地经营医院。

3.2.3.2 联邦救护费用行政命令和医院簿记行政命令

联邦救护费用行政命令规定了没有被纳入医院财政法的疾病诊断相关分类补偿系统的、对医院和医院部门的全日及半日制住院工作的补偿。医院簿记行政命令规定了医院的结算和簿记义务。

这两个行政命令都明确地涉及了医院财政法，但对于医院运营必须具备的法律形式，此二者都没有做出硬性规定。

3.2.3.3 联邦州医院法

《德国医院财政法》在第11条中赋予了联邦州及类似地方政府以权力，根据州法对医院的财政支持做出规定。各联邦州也都利用了这一权力来制定联邦州医院法。但是在这些联邦州医院法中都没有明确的关于法律形式的规定。也就是说，没有通过针对医院的规章去规定医院经营者经营医院的法律形式。

3.2.4 公立合法医院经营者对于法律形式的选择

原则上私人经营者可以使用所有的私法法律形式。

公立合法医院经营者既可以使用私法的法律形式也可以使用公法的法律形式。而具体哪种法律形式可行，公立经营人就要看各自的联邦州医院法和各自乡镇的安排了。

乡镇的安排对于公立合法医院的法律形式有着非常重要的意义。但是地方法律的方针都不统一。这些规定有的时候限制性很大，大到有时事实上并不允许地方性医院以私法的法律形式来运营。

当然，从20世纪70年代就开始的对于医院改革的讨论也带来了改革的趋势。人们开始考虑，地方性的医院应该采取什么样的法律形式。新方案的目的是，通过法律形式改变地方医院的管理自主性和经济独立性。据此方案，人们在地方性医院法律形式的可能性上对联邦州法进行了大量更改。改革的意图是，使得地方性医院以私法形式运营变得可能。

3.2.4.1 公法的法律形式

原则上经营者首先要考虑的是没有自己法人资格的法律形式，也就是国营企业和私营企业。而有自己的法人资格的法律形式中可被使用的有公法的组织、公法的机构和公法的基金会。这些形式对于医院经营的适用程度与许多评判标准相关。

（1）国营企业

在地方性法规的相关规定中，国营企业一直到20世纪70年代都是唯一被允许的国立医院的法律形式。国营企业原则上以下列特征为标志：法律上无自主性；组织上无自主性，没有自己的行政机关，由地方管理机构的有相应职位的人担任领导工作；没有自己的运行资金；没有自己的会计系统。

但是对于这个概念还没有法律上的定义。可以确定的是，国营企业是一种没有自己法人资格的组织形式，一种没有管理和财政自主性的与其他管理机构相割离的管理个体。国营企业更像是一种公共管理的衍生物。

因此，国营企业被纳入到了地方管理的组织和账目之中，其经济计划和年终结算要写在医院经营者的财政计划中，并且受到相关财政法的制约。其决策要遵照地方法规。这种决策的形式原则上不符合现代公司管理的要求。

国营企业对第三方的代表是承担该企业管理的行政机关，所以，国营企业是最不具有组织独立性的组织形式。

对于医院来说，这种组织形式导致议会会议和市政府成为了医院的最高领导机关，而并非医院的董事会。因此一切实质性的经营决策都被纳入了市政当局的职权范围，这样，地方政治就可以部分地参与决策，但具体的组织安排还是要由专门的乡镇计划来决定。这种组合就导致了无法独立管理的医院必须要遵守公法条款。

但是，与其他的国营企业相比，国营医院还是有一定的自主权的。与其他的典型的国营企业不同，国营医院在规定了公布账目的医院簿记行政命令上有着一定的自主权。所以医院可以被看作是一种“净国营企业”，因为在医院经营人所作的预算案中，仅给出了医院经营的结果。

由于国营医院原则上失去了组织上的独立性，而剩下的管理机构又混杂其中，使得国营企业这种形式并不适用于医院的经营。虽然如此，仍然有许多国立医院以国营企业的形式在运行。

（2）自营企业

自营企业被看作是一种“传统的”乡镇企业组织形式。其法律框架条件由各自的乡镇法规和自营企业法给出。

自营企业的标志是：没有法律上的自主性；组织上和经济上有自主性；有自己的行政机关；有地方上的政府专用基金；原则上有自己的会计系统。

就像国营企业一样，自营企业也是一个没有法律能力的组织形式。但与作为管理部门一部分的国营企业不同的是，自营企业在管理和经济上有着独立性。

自营企业的独立性体现在它有自己的行政部门，也就是所谓的工厂领导和工厂委员会。它在决策上也不再遵守地方法规的指导路线，而是遵照其所在联邦州在自营企业法和自营企业行政命令中的专门规定。

自营企业有着自己的经济目标。这种经济独立性的标志是：其资产为地方政府专用基金，有自己的财务经济和信贷经济，有自己的商业簿记，有自己的财政法上的、独立的经济计划、工作计划、职位计划和财政计划。

原则上自营企业是一个很适合医院的组织形式，它是一种实现了企业在最大程度上自我负责的经营模式。

总的来说可以确定的是，国营企业和自营企业的组织形式都允许地方政府在很大的程度上影响医院的经营。

（3）公法团体

① 有自己的法人资格的公法组织形式公法团体作为有着自治权的一种联盟，是社团在公法上的等称物。最重要的团体是所谓的地方性团体（乡镇、联邦州、联邦共和国）。

团体被定义为一个有成员的、与成员换替无关的、有最高权力的管理经营人。

只有当医院以某团体的不自主部分的形式出现时，或者该医院由许多乡镇或者联合经营时，这种法律形式才有可能被运用到医院的经营上。

② 有法律能力的公法机构

公法机构是一种有形资产和人力资产的存在，是公共管理的经营者为实现某种特定的目的而建立的机构，提供给机构的使用者使用。与公法团体不同，这种机构不是由成员组成的，且这种公法机构在运营中不能行使主权。

公法机构是由有法律能力的管理人通过法律或者基于法律而建立的。经营人可以决定该机构的目的，并组建行政部门以领导该机构，通过这种权利，机构的经营者可以对机构产生影响。根据不同的监管和指示权限，原则上自主的公法机构在事实上就会有所依赖。公法机构原则上是一个适于医院经营的法律形式。

③ 公法基金会

公法基金会的特点是拥有为某个特定目的（基金会目的）服务的财产集合。公法基金会区别于公法机构的地方在于，它既没有成员又没有使用者，而是有着受益人。公法基金会是法人，只有通过法律或者基于法律才能建立。

它与公法机构的区别在于其经营人是否能够施加影响。法律规定公法机构的经营人可以对机构施加影响，而基金会在实现法律能力时就与基金会的创办者无关。

当国家行政机关或者地方行政机关根据章程成为基金会行政机关时，地方政府才会对基金会施加影响。

3.2.4.2 私法的法律形式

私法的法律形式原则上有人合公司和资本投资公司。其中，人合公司不适合医院的经营，原因在于公益法。非营利性带来的税收优惠只针对团体税收法概念下的团体。人合公司的法律责任问题是一个不利点。这样，合适于医院的法律形式就只剩下资本投资公司了。

（1）有限责任公司

股份有限责任公司是有自己法人资格的法人。根据《商业法典》第6条以及《股份有限公司法》第三章，股份有限责任公司是企业法人。它可以有任意的法律允许的经营目的。只有公司资产担保公司债务。

股份有限责任公司的行政工作必须由股东大会和企业负责人承担。《股份有限公司法》认为监事会是一个可有可无的行政部门，但据《参议法》和《企业法令》的原则，监事会是必有的。

因为公司可以具有任意的法律允许的经营目的，所以医院也可以以股份有限责任公司的法律形式经营。通常这样的股份有限责任公司会选择非营利性的经营目的，以实现商业的资产管理，并在极大程度上降低经营人在参与经营时的风险。与分公司相比，股份有限责任公司在结构上个人性更强。因为政府的管辖不只局限于公立团体、机构和基金会，所以在有相应权限的时候也会管辖到私法的法律形式。出于这个原因，股份责任有限公司也是政府、首先是乡镇政府管辖的公司的法律形式。

经营乡镇医院选择股份有限公司这个法律形式的一大优势在于：其经营结构使得自主经营管理变为可能，提高了医院的工作效率；乡镇通过其政府方面的委员会参与股东大会来为医院提供保障，以完成其照料病人的任务；医院的经营人可在监事会之上行使其战略性决策的职权。

（2）股份公司

另一个可供医院选择的法律形式是股份公司。股份公司也是一个有法人，有着法人资格和分裂成股份的原始资本，由公司资本担保对其股东的债务。

与股份有限责任公司不同的是，股份公司有更强的实体结构。法律上规定了这种公司形式的行政机关是董事会（《股份公司法》第76条到第94条）、监督机构（《股份公司法》第95条到第116条以及《参议法》）、全体成员大会（《股份公司法》第118条到第147条）。

股份公司也同样可以具有任一法律允许的经营目的，所以医院的经营可以选择这个法律形式。从结构上来看，股份公司主要是大企业的组织形式，它的功能主要是聚集资本。

作为医院经营的法律形式，同时经营很多医院的经营人以及在经营医院的同时经营延伸机构（如养老院和疗养院）的经营人会倾向于对股份公司这一形式。

第4节　出资人与非营利性医疗机构之间的关系

柏林市公立医院改革后，虽然政府不直接管理医院，但是通过医院董事会的传递作用，政府仍然拥有权力和决策上的优势。政府在首席执行官任用及其工作绩效评价上均有很大的发言权。而且公司的财务和商务计划必须经过政府同意，所以政府实际上并没有丧失操纵公司运营的权力。显而易见，通过医院改制，不但原有的公立医院获得了更大的经营自主权，而且政府也从具体事务管理中解放出来，把工作重点放在了宏观控制和监督评价上[8]。

第5节 非营利性医疗机构的法人治理形式、内部组织结构及其构成

5.1 《德国民法典》对社团法人治理形式、内部组织结构的相关规定[11]

5.1.1 《德国民法典》对社团董事会及代表权的规定

社团必须设置董事会，董事会可以由数人组成。

董事会在法庭内和法庭外代表社团，董事会具有法定代表人的地位，代表权的范围可通过章程加以限制，其作用可以对抗第三人。

5.1.2 《德国民法典》对董事会的任命和业务执行的规定

董事会的任命通过全体成员大会决议加以确定。

任命可以随时撤销，但不妨碍合同规定的报酬请求权。撤销权可以通过章程限制在只有出现重大撤销理由始得撤销的范围内，重大理由如特别严重的违反义务或者缺乏通常的业务执行能力。

对于董事会的业务执行准用第664条至第670条关于委托的规定。

5.1.3 《德国民法典》对董事会做出决议的规定

董事会由数人组成的，应按照第32条、第34条关于社团成员决议的规定做出决议。

如果董事会缺乏必要的法定人数，在缺额尚未补足期间，当出现紧急情况时，由社团住所所在地的主管初级法院根据关系人的申请指定董事会成员。

章程可以规定，在董事会之外任命特别代理人以处理一定的事务。在发生疑问时，特别代理人的代理权范围扩及于所有依所任命事务的性质通常需要采取的法律行为。

对于董事会、一名董事会成员或者一名合法任命的代理人由于执行属于权限以内的事务发生应负损害赔偿责任的行为，致使第三人受到损害时，社团应负赔偿责任。

凡不属于董事会或者社团其他机构处理范围内的社团事务，由社团全体成员大会做出的决议决定。为使决议有效，需在召集大会时明确阐明需做出决议的事项。决议由出席成员的过半数决定。如果社团全体成员书面表示同意某项决议时，即使不召开大会，该决议也有效。

变更章程的决议，需由出席成员的四分之三多数决定；变更社团目的，需经全体成员同意；没有出席的成员，需以书面表示同意。当社团的权利能力系由机关授予时，其章程的变更需获得该机关的认可。

对于有关社团与某一成员之间缔结法律行为，或者社团与该成员之间提起诉讼或解决诉讼的决议事项，该成员没有表决权。

社团成员的特权，未经该成员同意，不得以社团全体成员大会决议加以侵害。

社团全体成员大会应在章程规定的情形下或者社团的利益所必需时召集。

当章程所规定的一定人数的成员，或者在章程没有规定时全体成员的十分之一书面表明目的及理由，提出要求时，应召集社团全体成员大会。如果上述要求没有获得允准，初级法院可以授权提出要求的成员召集社团全体成员大会；可以做出关于在大会中主持会议的规定。管辖法院为该社团住所所在地主管社团登记的初级法院。此项授权必须在召集大会的通知中载明。

成员资格不得转让或继承。由成员资格所产生的权利不得委托他人行使。

成员有权退出社团。章程可以规定，只能在年度结束时，或者在规定的预告解约通知期限届至后，才允许退出社团；预告解约通知期限最多不得超过2年。

5.2 法人治理形式

德国医院都是集团化管理模式。集团化管理方式的特点是借鉴了私立企业的管理方式，公立医院按照公司的组织结构进行组建，成为一个独立的法人实体。公立医院按照《私有企业法》建立医院公司，并且遵守竞争法和其他适用私有企业的商业法律。

5.3 公立医院内部组织结构

德国非营利医院一般归宗教组织或慈善团体所有，由独立的董事会对医院进行管理。

医院内行政、医疗、护理三方面各成体系，实行院、科二级管理。医院领导（即院长）实行专业化管理。行政院长大多是大学经济系或法律系毕业的管理专家，医疗院长由各科主任、医学专家担任，护理院长由具有丰富实践经验或高等教育水平的高年资护士担任。院长一般 4~5 年改选一次，也可连任。

德国医院行政管理机构都比较简单，没有过多层次。一般情况是医院都设有董事会，院长下面主要设 4 个部门：人力资源管理、财务管理、信息管理、训练管理。这 4 个部门各自独立，直接受院长领导。职业化的管理体制能使院长全身心投入到管理工作中去，有利于医院管理工作的规范化、科学化。

医院行政管理与医疗业务管理相对独立。通常科主任在业务建设和科室管理上有较大的权力。医院的管理人员都是专业从事管理的人员，不会去干涉科主任的业务工作。他们互相配合，各自有工作侧重点，医院管理井然有序。

第 6 节 关于非营利性医疗机构准入、退出（关闭、破产清算）、变更性质等方面的规定

6.1 准入

6.1.1 《德国民法典》对社团准入的规定

不以经营为目的的社团，通过在主管初级法院的社团登记簿上登记而取得权利能力。

以经营为目的的社团，在联邦法律无特别规定时，因国家许可而取得

权利能力。许可权属于社团住所所在地的州。[11]

6.1.2 法规对医疗机构准入的规定

根据《德国行业条例》第30条规定，只要获得德国官方许可并满足相关条件，任何外国企业都可在德国设立医院或私人医疗机构。根据《社会法典（五）》（SGB V）第108条规定，相关事务由各联邦州主管部门审批。

另外，根据《医院财政法》（KHG）第8条第1款规定，投资商提交的投资方案必须为相关联邦州所接受。德国各联邦州根据自身的医疗服务需求制定相应的“医院计划”（Krankenhaus-plan），凡进入该计划的医院可申请一定量的投资促进资金用于购置必要的设备和装备；若与医院计划相抵触，则投资方案不会被州主管机构接受。此外，只有进入“计划医院”（Plan-krankenhaus）范畴，才可接受参加了法定医疗保险的患者就医。

根据《德国行业条例》第30条规定，可以设立私人诊所，但私人诊所只能为投保私人保险的患者提供医疗服务，费用由就医者自理。

德国对外国资本投入德国医疗机构实行国民待遇，统计部门对外资和内资并未加以区别，就像德国没有外商投资企业统计一样，也没有外商投资医院统计[12]。

非营利组织与营利组织一样，成立注册要到警署办理程序性手续。非营利组织登记手续比较简单，基本的条件是：人数7人以上、不违反《宪法》、有章程、明确解散后财产的归属，达到这些条件，即可获得法律登记。非营利组织可在注册地以外的城市设立代表机构，跨地区活动。一般来说，非营利组织跨地区活动，当地政府要对其财务状况进行审查。外国人可在德国设立非营利组织[1]。

德国政府在审查非营利组织成立条件时，特别强调公益性组织解散后的财产去向，要求在章程中明确规定收缴政府，或转移给同类非营利组织[1]。

6.2 退出（破产和清算）[11]

社团可以通过全体成员大会决议予以解散。除章程另有规定外，解散决议需出席成员的四分之三多数同意。

社团因开始破产程序而解散，如果破产程序是经债务人申请而停止进行的，或者经规定有社团继续存在的破产计划证实后撤销破产程序的，全体成员大会可以对社团的继续存在做出决议。章程可以规定，社团在开始破产程序的情况下，作为无权利能力的社团继续存在；或者当破产程序符合上述停止或撤销条件时，可作为有权利能力的社团继续存在。在资不抵债或者负债累累的情况下，董事会应立即申请开始破产程序。申请迟延时，因过失对此应负责任的董事会各成员，对于债权人因此而受到的损害负有赔偿责任；他们作为连带债务人负其责任。

因许可而取得权利能力的社团，如果欲达到章程规定以外的目的，可以剥夺其权利能力。在这种情况下，由社团所在地的州法确定剥夺的职权和程序。

社团一经解散或者其权利能力一经被剥夺时，其财产即归属于章程所指定的人。章程可以规定，财产归属权利人由社团全体成员大会决议或者社团其他机构的决议予以确定。如果社团不以经营为目的，即使章程没有规定，社团全体成员大会也可以将其财产给予公共基金会或者公共机构。在没有确定财产归属权利人时，如果根据章程规定，社团系专为成员利益而设立，其财产应由社团解散或者被剥夺权利能力当时的成员平均分配，否则归属于社团住所所在地的邦的国库。

社团财产归属于国库时，准用以国库为法定继承人而继承财产的规定。国库应以最符合该社团目的的方法使用此项财产。

社团财产不归属于国库时，在尚未对社团财产开始破产程序的情况下，必须进行清算。

清算由董事会进行，也可以任命其他人进行清算；有关任命董事会的规定，也适用于任命清算人。除根据清算的目的另有其他规定外，清算人具有董事会的法定地位。除另有规定外，清算人为数人时，其决议需经全体一致同意。

清算人应了结日常业务，催收债权，变卖债权以外的财产，清偿债务，并将剩余财产分配于财产归属权利人。清算人为了结未了业务，也可以达成新的交易。如果不是为了清偿债务或者分配剩余财产于财产归属权利人，可以采取中止催收债权或者变卖债权以外的财产的措施。在清算目的所需范围内，社团在清算结束之前视为继续存在。

清算人应将社团的解散或者剥夺权利能力予以公告。在公告中，应催告债权人申报其债权。公告应刊登在章程指定为社团公告用的报纸上，如果没有这种指定，则应刊登在社团住所所在地的初级法院指定为法院公告用的报纸上。公告在刊登后经过两天，或者在第一次刊登后经过两天发生效力。对已知的债权人应个别通知其申报债权。

在社团解散或者剥夺权利能力的公告公布一年之内，不得将财产分配于财产归属权利人。

如果已知的债权人不提出申报，而依法存在提存权时，应为债权人提存其债权金额。当时不能清偿债务，或者对债务尚有争执的，只有在向债权人提供担保后，始得将财产分配于财产归属权利人。

若清算人违反上述有关立刻申请破产、发出公告，遵守一年限制期以及对债务人的担保的义务规定，或者在债权人得到清偿以前将财产分配于财产归属权利人，如果他们因过失对此应负责任，对于债权人因此而受到的损害负有赔偿责任；他们作为连带债务人负其责任。

对于无权利能力的社团，适用关于合伙的规定。以这种社团的名义向第三人采取的法律行为，由行为人负个人责任；行为人为数人时，全体行为人作为连带债务人负其责任。

第7节 非营利性医疗机构聘用人员

德国医生属于“自由职业者”，医生和医院之间没有行政隶属关系。医生以州为单位注册，只要注册是合法的，就能同时在本州不同医疗机构服务。

医学专家大多集中在公立医院，尤其是大学附属医院。规模较小的公立医院和私立医院都聘请这些专家做兼职医生。公立医院中年薪高的医生分为全职和非全职，大多数是非全职的。他们每周有固定时间在公立医院上班，其他时间可到外面做兼职，许多人同时在三四家医院兼职[13]。

公立医院医生年薪一般约为10万~50万欧元，工作时间、质量、数量靠个人自觉，医院不会因为医生额外工作另给奖励。

兼职的公立医院医生薪金分两部分，一部分是公立医院支付，比如在公立医院的工作时间只有七成，只能得到七成薪金，因此他们的薪金比同级别的全职医生低；另一部分是兼职医院支付，比如，内科医生按在兼职医院工作时间的多少计酬，外科医生按手术量计酬。一般来说，在公立医院薪资少，在外面挣的会多。

作为“自由职业者”，医生要按照规定加入行业协会，缴纳一定费用，按医师协会的章程约束自己，参加规定的学术活动，并接受相关的再教育培训。

不同所有制医院的医生的工作活动，在工作时间、直接和间接对病人的服务时间方面有明显的不同[3]。

第8节　对非营利性医疗机构新技术应用、税收、结余使用的规定

德国的非营利组织可享受比较广泛的税收优惠[14]。德国公立医院是非营利性的，因此不用缴纳公司所得税，但其所有赢余不能分配，必须重新投入到公司建设和运营上。另外，为了分担运营风险，该公司还成立了一些营利性的附属子公司，这些公司必须照章纳税[13]。

私立医院赚钱后能自己分配；公立医院纳税少一些，一有利润就上缴。

第9节　政府对非营利性医疗机构实施监管的主要内容和方式

9.1　管理体制

德国医院管制体制上实行联邦、州、区三级管理，合理分工，适度分权，公私合作的管制体制[15]。联邦和州均设有卫生部，根据各自分管的工作享有立法权，区一级设立卫生处。联邦政府和州政府在管理上合理分工、实行分权决策。联邦政府制定有关政府的法规和法案；州政府负责医院规划、管理州医院以及监督保险机构和医生协会组织等；地方政府负责区医院规划和公共健康项目。

德国卫生行政管理部门的监督管理职能较为分散，卫生部主要负责卫生法律法规及卫生政策的制定、重大传染病防治和医院管理等工作。从卫生部到州卫生局、市（县）卫生所实行垂直管理[16]。院长负责全面管理，宏观调控。德国较大的医院多为国立，由政府投资管理。医院根据其规模大小，设立1~3名院长，即行政院长、医疗院长和护理院长。

9.2 德国非营利性医疗机构监督机构

德国医院管理的一个重要特征是联邦政府和州政府在管理上的分权决策。公立医院所有权归各级地方政府。特殊类型的医院一般属于联邦政府，教学医院一般属于州政府，其他医院分属于市、县或镇等各级政府。州政府负责维持医院的基本设施，通过医院发展计划和在计划中规定对医院投资实现其职责。联邦政府主要关注卫生服务的公平性、强制性健康保险的实施和立法、监测私人医疗保险的运行和各种医师协会及疾病基金会等[17]。卫生部主要负责制订规范卫生服务提供及筹资的法律框架等[18]。

9.3 德国政府对医院的监督方式

实行董事会监督下的首席执行官负责制是德国公立医院改革的重要目标之一[8]。

9.3.1 间接性价格管制机制和严格的费用控制机制

在德国，按照《医院筹资法》和《全国医院价格条例》的规定，医疗保险机构要与医院通过合同的方式购买医疗服务。法律对医疗服务费用的结算方式、支付机制和定价机制做出了明确的规定。法定保险机构对开业医生、医院和康复、护理机构的费用结算方式明显不同。在控制药品费用方面，主要有两种手段：一是控制药品目录，尤其是控制新药进入目录；二是限制医生处方的价值量[15]。

9.3.2 医院医疗服务质量监管

德国非营利医院要接受社会的监督。医院需要向政府有关部门提供信息，并由疾病基金会定期向社会公布[1]。

9.3.2.1 间接而严格的医疗服务质量管制

在德国，政府不直接对医疗质量实施监管，而是通过保险基金会来依法进行管制。基金会依照政府法律制度要求医院采取管理措施保证医疗服务的质量。如果医院不合作，对医院的补偿就会相应减少。同时，还成立了质量监督委员会，对医院的临床诊断和治疗过程进行评价，要求这些服务必须经济而且有效。当社会保险基金会和医院之间发生纠纷时，首先通过由双方共同组成的一个联合委员会进行谈判以解决问题[15]。

9.3.2.2 德国医院服务质量监测

德国医院的质量测量、监测和管理经历了相当大的改革，包括一系列的强制性的测量——以194个指标为基础的全国性的基本指标调查。因为自从引入了诊断相关组系统（DRGs）后，有了更好的、更深层次的诊断、程序和人口信息编码，该系统的两个换代体系已发展成熟：在卫生服务提供机构层面，质量监测用管理机构数据；在付费者层面，长期监测也利用官方数据。联系最后结果和防止篡改结果，考虑到有效性，所有这三种方法都有正反两方面的特点。

质量测量是一个使结果公开、可信的问题。自2005年开始，法律要求医院每两年出版标准的质量报告。报告在网上是可获得的，公众可以通过医院或地区来搜索相关信息（虽然直接比较是不可能的）。同时也提供了复杂的信息，因为报告中没有包括结果型数据，2005年的报告受到了批评。除结构信息外（机构类型、注册床位等），只要求医院出版包括10种最频繁的诊断、过程及每个部门的疾病诊断相关组的卷宗信息。

自2007年起，BQS的27质量参数出版物已成为强制性出版物。然而，大多数参数与过程信息，而非结果信息相关，例如乳腺癌患者受体状态是否能够确定的问题。医院可以自愿地出版相关的信息，但这不是标准的，相较而言，它是不能获得的，如通过搜索引擎。

德国医院质量测量、监测和管理已取得了巨大的成就。除现有强制系统以各自的数据收集为基础的测量质量，新的方法已演变为利用可读的、可获得的管理数据，因此能够提供额外的信息。以保险数据为基础的最新版本，代表了一个用来测量长期结果的新的、有前景的方法。因为强制卫生保险系统中有清晰的数据结构，如果能够克服法律的障碍，几乎所有人都可以应用这种方法。这也为在服务提供方和联邦政府关注进一步的发展和结果的比较提供了质量测量的新的可能[19]。

9.3.3 德国政府对非营利组织管理注重追惩和奖励

一般情况下，政府不干预非营利组织的内部具体事务，有关部门只检查从政府领取资助的非营利组织的财务和项目执行情况，违法的非营利组织由司法部门负责解决。对有贡献的非营利组织，政府予以物质和精神的褒奖，如法兰克福市政府每年对在非营利组织岗位上有贡献的人进行表彰；在非营利组织中，连续10年从事公共服务的人，将得到政府提供的优惠奖励，如免费使用国家办的游泳馆等。这种行政管理方式，大大减少了政府管理人员的数量，如朗根市政府只有2人负责管理非营利组织承担政府资助的项目，管理的效果也很好[1]。

第10节　非营利性医疗机构运行及后续发展的主要筹资来源

10.1　德国医院主要资金来源

《德国医院财政法》规定医院的投资资金通过国家投资促进来获得，医院运行中的收入通过诊疗费（根据本法诊疗费也可以包含投资资金）以及前期、后期诊疗和门诊的报酬来获得[20]。

德国对卫生保健是没有预算的，他们有17种税收为基础的预算（1种是联邦水平的，16种是州水平的）和453种疾病基金预算（不包括其他社会保险预算，通过保险公司报销的私人保险等）。所有税收为基础的预算都是由政府部门提出议案，由他们各自的议会决定的。联邦水平上，与卫生保健相关的资金是联邦行政部门预算的一部分，用于卫生、防御（士兵免费卫生保健）、内部工作人员（用于警察、政府长期雇员的卫生保健）、教育和科研。联邦水平上，卫生保健的费用主要源于卫生行政部门的预算，也来源于与科学相关的部门（health-care related financing mainly flows from the budgets of the ministries of health, and also the ministries of science.）[4]。

自1993年，特别是1996年起，德国医院部门经历了由固定预算、赤字和利润的可能性、眼科手术、前瞻性支付的引入（Prospective Payments）等引起的相当大的变化。自1972年《医院融资法案》引入双重融资和涵盖全部费用的原则以来，环境变得对德国医院非常有利[4]。

双重融资是州的投资成本和疾病基金的运行成本（加上病人的私人成本）。这个运行成本包括所有的人力成本，因为医生是作为医院的员工领薪水的[4]。

非营利医院的筹资渠道非常广泛，收入来源于国家投入、疾病基金会、法定健康保险、私人保险机构提供的保费以及教会、慈善组织等[1,7]。现行453种疾病的疾病基金组成了德国卫生保健的最重要的资金来源[4]，疾病基金会员强制其员工的毛收入不超过一定的水平［德国西部一些地方不超过40 000欧元/年（2000年：77 400马克），德国东部一些地方在32 000欧元左右（63 900马克）］，并且都是自愿地保持在这个收入水平。

与我国相比，德国医院的生存更有保障，只要医院正常运转，不会出现入不敷出的局面。但是，德国医院内部的成本核算比较严格，对医院员工的精简、管理程序的优化、管理成本的控制等方面均按企业经济管理的方式进行，并且有专门的从事企业管理的人才。

10.2 公立医院资金来源

德国医院采取补偿机制、支付制度等相结合的办法：补偿机制采用投入成本和运营成本各有其补偿来源的“双重投入”（Dual Financing）方法[21]——基本建设成本（Investment Cost）主要由政府承担，而运营成本（Running Cost）则由各类保险方支付[1]；支付制度则结合医院实际运行情况按比例对医院进行补助[21]。

政府或医院经营者一般仅局限于支持开办费用以及大型仪器设备的购置，这些费用一半来自联邦政府，一半来自州政府。医院规模的扩大或大型设备的购置有严格的审批制度，医院经营者在这方面只有建议权，没有最终决策权；医院日常的运行维持费用则来源于医疗保险机构或疾病基金会[8,13]。

另外，由于政府已经把土地、资产的产权转让给集团化公立医院，所以它能够以此作为抵押去争取银行贷款。公立医院同时属于州医院协会的成员，在联邦水平上，由德国医院协会代表它同疾病基金会协会就医疗服务提供的相关问题进行谈判，作为独立的个体与疾病基金会签订服务提供及资金补偿合同[8]。

第11节　对非营利性医疗机构与营利性医疗机构管理的主要区别

实践证明，公立医院与私立医院的合作伙伴关系是在不改变产权制度的情况下通过建立新的经营机制达成的，而不是完全出于竞争目的的改革。这样，既避免了完全计划体制带来的效率低下，又防止了完全私有化所带来的公平不足，兼顾公平与效率，特别是在技术、人才政策等方面促进不同所有制医疗机构之间的竞争与合作，激发了公立医院的活力[13]。

第12节　德国医疗机构市场的概念和相关数据[22]

12.1　概念和基础数据

根据《德国医院财政法》，医院被定义为一种设施，该设施通过医疗和护理手段诊断、治疗或者缓解疾病、病痛和身体残障并承担着助产工作，并且为接受治疗的患者提供住所和供给。

2001年，联邦德国共有医院2 240所。2001年医院的高达近620亿欧元的住院相关支出，占到了德国医疗卫生总支出的27.4%。

医院可以根据医院类型（普通医院和特种医院）、诊疗阶段、经营人进行分类。另外一个可以区分医院的不同点是他们所接纳的法定医保公司的被保险人不同。

从医院类型角度来说，联邦统计局将普通医院定义为“也为除精神病及神经病患者以外的患者在全日住院部提供床位的医院”。与之相反，特种医院指的是“仅仅为精神病患者或者精神病和神经病患者提供全日住院的医院，或者只提供日间、夜间诊所（非全日住院）的医院……”

以经营人进行分类，德国的医院可以分为公立医院、私立医院和慈善机构医院。公立医院的经营人是地方团体（联邦、州、乡镇）、地方团体的组合（专区、州联盟等）或者中间权力机构（法定养老金保险公司、法定医疗保险公司、矿工联合会、法定事故保险公司）。非公立的医院，也就是广义上的“私立”的医院，可以分为慈善机构医院以及狭义的“私立”医院。“慈善机构医院指的是，不由公法经营者经营的医院，且以公益为目的，也就是在《德国税收法通则》中关于“公益”的规定、不以营利为目的地经营医院”（knorr，k. -E. /wernick，J. ，1991：88）。狭义上的“私立”医院的特点是，它以私法的法律形式进行组织，并且带有营利的目的。

表 3-1　德意志联邦共和国的医院类型及其经营人结构的概况（2001 年数据）

	普通医院			特别医院	总计
	公立医院	自由公益医院	私立医院		
医院数（家）	723	804	468	245	2 240
已设置床位数（张）	276 754	198 205	41 283	36 438	552 680
看护日（天）	82 118 225	56 998 506	11 859 338	11 819 230	162 795 299
病案数（份）	8 848 957	6 107 847	1 216 665	410 438	16 583 906
住院天数	9.3	9.3	9.7	28.8	9.8

只有所谓的计划内医院、高等院校医院和合同医院才有权接收法定医疗保险的被保险人，德国 90% 的居民都属于这一类。被联邦州收纳进医院（需求）计划的计划内医院以及高等院校医院与法定医疗保险公司之间有着法律上默认的关于患者接收的合同。只要被纳入医院计划，医院就可以根据双重筹资的办法得到联邦州的促进投资。并不属于州医院计划的医院，若有需要，可以根据《社会福利法典》第五卷第三章第 109 条，与法定医疗保险公司签订患者接受的合同，成为狭义上的“合同医院”。但是，这样的医院不能得到国家的促进投资。既不属于计划内医院，又不属于狭义上的合同医院的医院，则既不能得到促进投资，又不能接纳法定医疗保险公司的被保险人。

12.2 医院的特征和动机

“根据《基本法》第一章第20条和第二章第28条中所规定的福利国家原则，为了为公民按需提供有能力的医院，国家有义务保障医院的正常运行”。（knorr，k. -E. /wernick，J.，1991：88）但是这里并没有提到，国家应该如何完成这项任务。要完成这项任务，国家可以自己经营医院（这里指的是公立医院），或者允许或委托私人或者慈善机构经营。这里只具体阐述慈善机构经营者和私人经营者。

12.2.1 慈善机构经营的医院

慈善机构在经营医院时，不能以营利为目的，或者不能以营利为第一目的。斯托克（Stock，R. A.，2002）将其以收入的使用方式与其他组织形式加以区别。他认为，慈善机构医院是一个非营利性组织（也就是一个公益性医疗卫生机构），通过有目的地使用收入来达成某种特定的目的。埃辛霍恩（Eichhorn. S.，1987）认为，慈善机构医院应以救济生存、人道主义和博爱的原则为行为动机，它的主要目标应是“满足居民对于全日住院和非全日住院的需求”。温德尔（Wendel，V.，2001）认为非营利性组织的目标是实现特定的必需品经济的、博爱的、救济的、人道的或者世界观的目标。格洛那曼（Gronemann，J.，1988）提到了非经济的目标。该目标当由医疗系统，特别是“慈善机构”医院来实现，即使这些医院以企业经济的模式经营，也不能具有营利目的。

国家应当支持这些致力于公益而非营利的私人机构，而支持这些自主的、非营利的医院经营者的方式，即是制定税收优惠政策。其理由是，国家可以通过这种对非营利性医疗机构的支持来减轻医疗供给的负担，这种负担是任务上的，也是支出上的。

12.2.2 私立医院

私立医院是以营利（商业）为目的的医疗机构。它们以自给经济的模式运营，并且追求盈利。作为工商业公司，依照《工商业管理条例》，它们必须持有官方许可才能经营。

在企业经济学中，产出目的和经济目的是不同的。私立医院“主要以营利的经济目的为目的。产出目的，也就是实现医疗护理任务，只是其实现利益最大化的手段。”

若私立医院想要进入联邦州的医院计划，就必须通过订立合同接受医疗任务，或者与医疗保险公司订立医疗合同。就这点而言，它们也接受了国家给予的保障医疗正常运营的任务。

与非营利性医疗机构不同，私立医院就像是其他在市场上运营的公司一样有着营利目的，所以原则上有纳税义务。

12.3 德国医院市场上的变化趋势

自20世纪90年代起逐渐增大的合理化对医院行业的影响，以及政府财政的不景气导致了大量公立医院私有化。通过私有化，医院得以从官僚主义的枷锁和不适当的政治影响及其他影响中被解放出来，提高了组织工作效率。

所以在过去的几年中，国立医院和私立医院的所占份额发生了明显变化。许多公立机构解体（大部分私有化），而与此相对，私立医院则有所增加。1991年到2000年，私立医院的数量增加了116所，达到了446所。慈善机构医院的数量在这期间基本稳定。

正如图3-2所示，我们可以推测，由于政府引进了新的一次性补偿体系（DRGs：diagnosis related groups），德国医院市场上的私人产品劳务的发展和市场集中化的趋势有所减速。

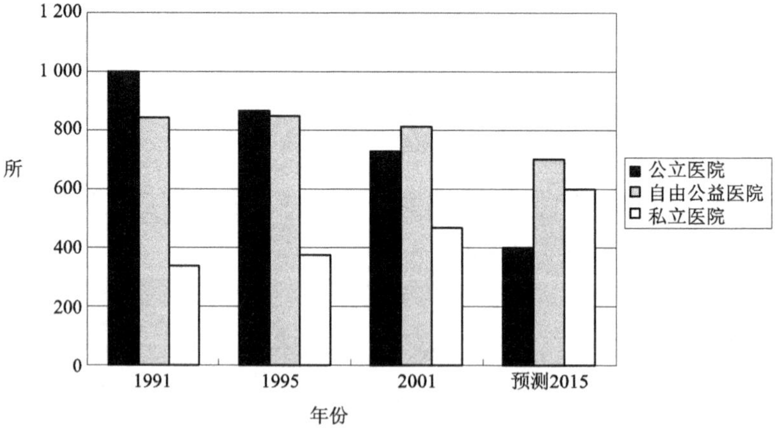

图3-2 德国医疗市场公立医院、自由公益医院和私立医院的分配比例及发展预测

鉴于德国卫生系统的、特别是德国医院市场的变化，对非营利性机构

的税收优惠的合理化问题再一次变得现实。早在 20 世纪 80 年代末就已经有了一次关于公益法的激烈讨论。直到 1988 年 3 月 24 日，财政部下达任务，使独立的专家委员会提出对公益法和捐助法的意见，该讨论才停止。

1988 年德国法学大会在有关税法的部分中提出了要减少对捐助行为的税收优惠，其中以社团为单位的、私人性质的、正当的、以公益为目的扶助后代或者公众的活动除外。也就是说，如体育之类的活动被排除出了公益性活动；同时认可了对非营利性医院这样的机构的税收优惠得到了认可。毕竟非营利性医院致力于公众利益，并且减轻了政府在生存照顾义务方面的负担。

但是，如今人们对慈善机构医院的税收优惠颇有微词。尤其是在人们注重于经济、政治和社会的发展的情况下这一点越来越明显。如今医院的情况，无论是公立的、慈善机构的还是私立的以及社会机构的，都严重地受到了社会变迁的影响。

政府财政和法定医疗保险机构的金融危机使卫生事业受到了越来越严重的经济压力。德国卫生事业如今面临的任务是，将日常医疗工作高效、透明地组织起来，从而为患者提供高质量且价格渐低或者至少价格稳定的医疗服务。而公共财政手段的缺失迫使政府关闭越来越多的医院，或者将其私有化，或者为其寻找新的经济来源。另外，私立医院的经营者们也越来越趋向于将其医院或者护理机构向着非营利性机构的范围发展，这就导致有税收优惠的医院行为和私人有纳税义务的医院行为的交叉点逐渐增多。

卫生事业作为一个经济要素，有着大约 2 259 亿欧元的支出额（国内生产总值的 10.9%）。这说明了社会发展程度越高，卫生市场占国民生产总值的比重就越大。也就是说，卫生事业是一个持续发展的市场，这一点无可辩驳。

第 13 节　其他与非营利性医疗机构管理相关的政策

13.1　德国医院的管理相关规定

德国公立医院改革的重点在于实现医院自治。在市县一级，地方政府建立有限责任公司形式的私立公司作为医院的直接管理者，对医院进行私人管理，政府拥有公司的全部股份。德国政府不对医院直接管理，使医院在人事、分配等方面拥有自主权。医院主管人员通常由医院的所有者（如市政府或地方议会）任命。近年来，逐渐采取短期而不是无限期的任命。另外，疾病基金会和医院之间可以自由选择签订合同，通过协商就服务量、补偿额等达成一致，这也提高了医院在财务上的相对独立性，避免对政府投入的过分依赖[1]。

13.2 非营利性医疗机构的税收情况[23]

13.2.1 《税收通则》第 67 条的目的经营的定义在《公益法》之外的应用

许多税法都认为医院当享有税收优惠，与非营利性并无关系。这样，税收优惠的给予就往往会和《税收通则》第 67 条中所阐述的目的经营的定义的实现联系起来。根据《公益法》框架的原始阐述，《税收通则》第 67 条在这里也被当做无关乎非营利性标准的定义来使用。

总的来说，这些税法不仅对目的经营的非营利性医院免除税收，也同时对所有满足《税收通则》第 67 条中的标准的医院免除税收，那么这些税法行为也就不是优惠非营利性医院的行为了。

13.2.2 非营利性对税收义务的作用

13.2.2.1 公司所得税

根据《公司所得税》第 1 条第 1 款的第 1~6 款中的阐述，资本投资公司（如股份公司、有限责任公司）、其他司法的法人、不具有法律能力的社团、基金会和其他私法的特别基金会以及公法法人经营类的企业都有缴纳公司所得税的义务。这些法律形式都是公立和私立医院的重要法律形式。

《公司所得税法》第 5 条指出了可免除公司所得税的几种情况。其中第 5 条第 1 款第 9 款指出，公司、人类联盟和财产集合，若在其章程、捐赠行为或其他法规中规定了且其在实际运营中也表现了，该法人仅仅且直接为了达到某种公益的、慈善的或者宗教的目的而运营，则可免除其纳税义务（《税收通则》第 51~68 条）。

若一个满足税收优惠的机构也进行非目的经营的经济上的商业活动，则它部分地具有纳税义务。

《公司所得税法》并不认可“所有医院都可以无关乎非营利性，只要满足《税收通则》第67条就享有税收优惠”。在该法中，非营利性医院才真正地与营利性医院相比具有纳税上的优势。

13.2.2.2 营业税

根据《营业税法》第3条第6款第1句，“公司、人类联盟和财产集合，若在其章程、捐赠行为或其他法规中规定了且其在实际运营中也表现了，该法人仅仅且直接为了达到某种公益的、慈善的或者宗教的目的而运营（《税收通则》第51~68条），则可免纳营业税”。而《营业税法》第3条第6款第2句指出，若由非营利性经营人经营的机构不能满足《税收通则》第67条所提出的条件，则不能完全免除营业税。

但是平行比较来看，第3条的第20款又免除了所有满足《税收通则》第67条中定义的医院的营业税，也就是说，营利性医院再次没有体现出优势。在该法中，免税的标准与医院的经营人和非营利性并不相关，而仅与“该医院是否满足《税收通则》第67条的规定”这一问题相关。

13.2.2.3 流转税

流转税也没有给予非营利性医院税收上的优势。只要医院（无关乎非营利性）可以满足《税收通则》第67条的标准，并且一般来说需缴纳流转税，就可以根据《流转税法》第4条第16b款免纳流转税。

平行来看，《流转税法》第4条第18款指出，官方认可的自由福利事业团体或者将一个福利事业团体纳为成员的、服务于自由福利事业的公司、人类联盟和财产集合，只要它仅仅且直接为了达到公益的、慈善的或宗教的目的而运营，其工作直接惠于其章程、基金会或其他规定中的受益人群，并且其所要求的工作补偿低于营业公司所要求的同类工作的补偿，则该公司可免纳流转税。

在《流转税法》第12条第8款中提出了对非营利性机构的普遍税收优惠。这一条似是要求了医院需要有非营利性目的经营目的，但是在第4条第16b款中又有无关乎非营利性享受零税收的规定，那么，第12条第8款也就没有实际作用了。

13.2.2.4 土地税

《土地税法》第3条第1项第3款规定，非营利性医院出于非营利性目的而占用地皮，可以免纳土地税。但是《土地税法》第4条第6款中又规定了，所有医院，只要满足《税收通则》第 67 条中的条件，出于医院的目的占用了地皮，都可以免纳土地税。

13. 2. 3　税法原状的总结

总结来看，我们可以得出，只要满足了《税收通则》第 67 条中的条件的医院就可以免纳营业税、流转税和土地税，这与该医院是否是非营利性的无关。相对的，只有满足《税收通则》第 51~68 条中的非营利性的医院才可以免纳公司所得税（见表 3-2）。

表 3-2　　各法律对医院的税收优惠的规定

税种	对所有医院的规定 （见《税收通则》第 67 条）	对非营利医院的特别规定 （见《税收通则》第 51~68 条）
公司所得税		予以免税（《公司所得税法》第 5（1）条第 9 款）
营业税	予以免税（《营业税法》第 3 条第 20b 点）	予以免税（《营业税法》第 3 条第 6 款）
流转税	予以免税（《流转税法》第 4 条第 16b 点）	予以免税（《流转税法》第 4 条第 16b 款） 予以减税（7%）（《流转税法》第 12Ⅱ条第 8 款）
土地税	予以免税（《土地税法》第 4 条第 6 点）	予以免税（《土地税法》第 3（1）条第 3b 款）

13. 3　德国公立医院与私立医院的效率比较

德国的研究证据说明，与公立医院相比，私立医院（包括营利和非营利医院）并不一定与较高的效率相联系。对许多政策制定者而言，这是一个令人惊讶的结果，因为公众普遍认为私立营利医院是效率最高的所有制结构[24]。德国多层管理数据集和 2002—2006 年 541 家医院的资产负债表随机前沿分析结果显示，公立医院与私立医院在成本效率上没有差别，但私立医院却有较高的收益效率[25]。

13.4 德国医疗改革现状

德国医疗改革三管齐下：保险费增长赶不上医疗费用支出增长，法定医疗保险费提高；政府敦促公立医院转私营；取消药品定价制，鼓励药店竞争。医疗改革的最终出路不在于继续增加医疗费用的税收方面，而在改善医院和医疗保险机构的管理体系，加强监管力量，引入更多的竞争。这样才能保证这个医疗保障体系长期健康地运转[26]。

参考文献：

[1] 李勇．德国非营利组织. 中国社会报，2003-5-30.

[2] http：//wenku. baidu. com/view/aee49b1214791711cc7917ff. html.

[3] Mache S，Scutaru C，Vitzthum K，Quarcoo D，Schöffel N，Welte T，Klapp BF，Groneberg DA. Does type of hospital ownership influence physicians' daily work schedules? An observational real-time study in German hospital departments. Hum Resour Health. 2009 May 27，7：41.

[4] WHO. Health care system in transition-Germany，European Observatory on Health Care Systems 2000，2000.

[5] Reinhard Busse & Annette Riesberg. Health Care Systems in Transition Germany 2004. Copenhagen，Denmark：European Observatory on Health Systems and Policies in 2004，2004：112-115.

[6] http：//wenku. baidu. com/view/d251a71e10a6f524ccbf85c7. html.

[7] 张友定，金玲．谈德国医院的管理体制．卫生经济研究，2003，7：29.

[8] 侯建林，刘金峰，雷海潮，胡善联，等．德国公立医院近期改革动态及对我国的启示．中国医院，2003，3，6（3）：57-59.

[9] Bundesministerium der Justiz. Abgabeordnung（AO）. Ausfertigungsdatum：16. 03. 1976，zuletzt geändert 21. 7. 2012.

[10] Dipl. -Kauffrau Petra Bittrolff. Steuerliche Konsequenzen von Privatisierungen bei öffentlich-rechtlichen Krankenhäusern，2007，S. 15-28.

[11] Bundesministerium der Justiz. Bürgerliches Gesetzbuch（BGB）. Ausfertigungsdatum：18. 08. 1896 zuletzt geändert 19. 10. 2012.

[12] http：//finance. sina. com. cn/roll/20091222/11337137232. shtml.

[13] 韩洪迅．德国、英国、新加坡公立医院改革解读．中国医药指南，2007，(8)：10-14.

[14] 宗和．德国的非营利组织是如何运作的．中国财经报，2007-6-8：2.

[15] 王丙毅，尹音频．德国医疗管制模式的特点、改革取向及借鉴意义．理论学刊，2008，7：58-61.

[16] 李延平．德国、英国卫生监督管理考察与思考．中国卫生监督杂志，2005，12（3）：205-207.

[17] 龚向光，胡善联．德国医院体制改革．卫生经济研究，2002（7）：32-33.

[18] 侯建林，刘金峰，雷海潮，等．德国医院管理及对我国卫生改革的启示．中华医院管理杂志，2002，18（9）：569-571.

[19] Reinhard Busse, Ulrike Nimptsch, Thomas Mansky. Measuring, Monitoring, And Managing Quality In Germany's Hospitals. Health Affairs on October 16, 2012.

[20] http://www. gesetze-im-internet. de/khg/BJNR010090972. html, Bundesministerium der Justiz: Gesetz zur wirtschaftlichen Sicherung der Krankenhäuser und zur Regelung der Krankenhauspflegesätze (Krankenhausfinanzierungsgesetz-KHG), Ausfertigungsdatum: 29. 06. 1972, zuletzt geändert v. 21. 7. 2012.

[21] Reinhard Busse & Annette Riesberg. Health Care Systems in Transition Germany 2004. Copenhagen, Denmark: European Observatory on Health Systems and Policies in 2004, 2004: 90-96.

[22] Henke, Klaus-Dirk; Berhanu, Samuel; Mackenthun, Birgit: Die Zukunft der gemeinnützigkeit von Krankenhäusern, 2003, S. 4-12.

[23] Henke, Klaus-Dirk; Berhanu, Samuel; Mackenthun, Birgit: Die Zukunft der gemeinnützigkeit von Krankenhäusern, 2003, S. 20-23.

[24] Tiemann O, Schreyögg J, Busse R. Hospital ownership and efficiency: a review of studies with particular focus on Germany. Tiemann O, Schreyögg J, Busse R. Health Policy. 2012 Feb; 104 (2): 163-71. doi: 10. 1016/j. healthpol. 2011. 11. 010. Epub 2011 Dec 15.

[25] Herr A, Schmitz H, Augurzky B. Profit efficiency and ownership of German hospitals. Health Econ. 2011 Jun; 20 (6): 660-674. doi: 10.1002/hec.1622.

[26] http://finance.sina.com.cn/roll/20060829/1027890453.shtml.

第 4 章
澳 大 利 亚

第1节 澳大利亚卫生管理体系

澳大利亚卫生管理体系分成三级：联邦卫生部、州卫生厅及其在各个卫生区域的派出机构，称为区卫生局。各项卫生服务工作基本是以区卫生局为单位开展，包括医院、社区卫生和其他卫生服务。地方政府对区卫生局没有行政领导职能。[1]

1.1 医疗机构及服务内容

澳大利亚的医疗机构分为全科医疗诊所和医院。

全科医疗诊所以私人开业为主，从业者称为全科医生（General Practitioner，简称 GP）。诊所规模不尽相同，有一个 GP 独自开办的，也有几个 GP 联合组建的，还有集团性的诊所。诊所一般雇有接诊员和护士，协助 GP 工作。一般不设药房，只配备少量的急救药品和简单的诊疗设备[2]。因为澳大利亚法律规定，医院和诊所不能向病人卖药。医生只负责看病开处方，病人自行到药房买药[9]。

医院分为公立医院和私立医院两种。公立医院占全部医院的 72%[3]。公立医院包括被认可的公立医院（Recognized Public Hospital）、退伍军人医院（Repatriation Hospital）、公共精神病医院（Public Psychiatric Hospital）。澳大利亚的私立医院包括急性精神病医院、独立的日间医院。私立医院还可以分为营利性医院和非营利性医院。营利性医院主要有私立医院集团或连锁医院和独立的私立医院；非营利性医院主要有宗教或慈善机构的医院和其他非营利性企业所举办的医院。在 1997~1998 年度中，这两类医院的比例分别为 56.8% 和 43.2%[4]。私立医院中，几乎 40% 是由教会所有的非营利性医院[3]。

1.2 社区卫生服务机构及服务内容

澳大利亚的社区卫生服务机构主要是社区卫生服务中心。它是澳大利亚社区卫生服务的主体，一般有数十名工作人员，服务区域相对固定，大多数没有全科医生和专科医生，不提供医疗服务。工作人员以护士为主，还包括物理治疗师、心理治疗师、社会工作者等其他卫生技术人员。其服务内容包括：儿童和家庭保健、社区康复、家庭护理和临终关怀、学校卫生、急性后期社区保健。[2]

此外，还有其他社区服务机构。如社区及老年保健中心（Community & Aged Care Service），通常是医院为减轻住院负担而设立的面向社区的一个部门，其主要服务对象是出院后尚需继续治疗或康复的病人。[2]

第2节 关于非营利性医疗机构的基本法律法规

澳大利亚政府对医院实行宏观和间接管理。政府通过医疗立法、医疗机构的区域规划及相关的司法程序来管理医院和其他医疗机构。即使对公立医院，政府也不直接管理，即不直接干预医院的人事聘用，包括院长聘任、财务预决、业务运行和内部分配。政府对医院管理的主要法律依据包括：《公立医院法》（1929年）、《卫生管理法》（1982年）、《私立医院和日间手术中心法》（1988年）、《区域卫生服务法》（1986年）、《急诊服务法》（1990年）、《卫生服务法》（1997年）等。[5]

第3节 非营利性医疗机构出资人的权利和责任、出资人与医疗机构之间的关系

在某些情况下，政府会通过承包或授权私人公司兴建或经营一所医

院。在这种安排下，医院是私人所有，但是却被列为公立医院，因为它是代表政府运营的。[4]

第4节 非营利性医疗机构的法人治理形式、内部组织结构及其构成

4.1 公立医院集团（网络）法人治理模式

澳大利亚维多利亚州政府将辖区内公立医院依据服务功能整合为若干个公立医院网络或集团，并设立若干个网络董事会。医院董事会的组成并非基于投资或捐资，也并非由政府直接任命或遴选，而是由州卫生行政部门发布董事会成员的条件，向社会公开招聘董事会成员。董事会成员一般由大众媒体向社会招聘，由所在地区的社会各界贤达人士组成，包括执业律师、会计师、大学教授、管理专家等人士，然后州卫生部从报名者中选择若干名，经过资格审核，报州议会审批，州卫生部长任命。董事会由董事长、若干副董事长和董事组成，其成员均为志愿者，不在医院获取任何报酬，利用业余时间尽义务，过问董事会事务[5]。董事会成员为公益目的进入董事会，董事会成员不是股权的代表，而是民意和社会群体的代表[6]。董事会就医院发展的重大问题对州长负责，并由州长对其问责。集团（网络）董事会对各医院院长的经营管理进行问责，并有权聘任和解聘院长。政府卫生部门对医院实行行业监管（见图4-1）[6]。

4.2 澳大利亚公立医院的治理结构典型模式[7]

医院由董事会管理，董事长由州或区域卫生部长任命。一般董事会负责管理1家以上的医院。负责较大医院集团或医院预算较大的董事会，其治理方式在功能上与私营商业企业的董事会相似，日常的经营管理由首席执行官和行政官员负责，医院主要的行政官员有首席行政官、首席医务官、首席护理官、首席财务官，同时医院也有病区经理、项目经理、后勤经理等，病区经理同时兼任病区护士长。相反，财务预算较小的单位，其

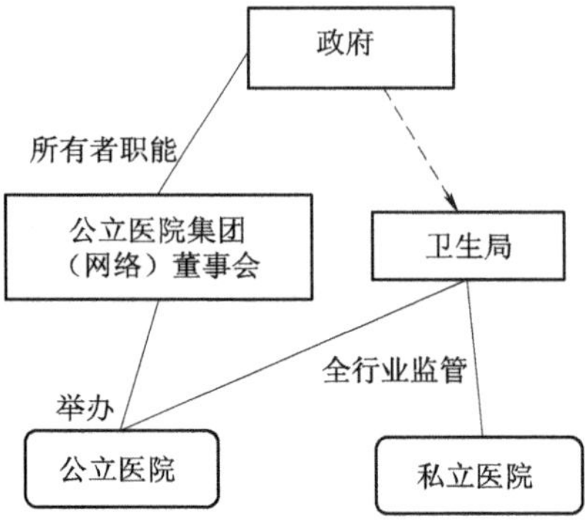

图 4-1　政府卫生部门对医院的行业监管图

董事会的权限则具体到日常的运作决策。澳大利亚各个公立医院的组织管理结构基本相同，几乎都有董事会，但是各州之间略有不同。大型公立医院才可拥有自己的董事会，而每年住院人数在 4 500 人以下的医院则由区域医院董事会管理。董事会由董事长、若干副董事长和董事组成。公立医院的董事会由州议会审批，州卫生部长任命，委托其管理相应的医院，是政府的代理人。医院的日常运作则由首席执行官（院长）负责。首席执行官由董事会任命并直接向董事会负责，是医院的最高行政官员，医院内部管理部门和医疗业务部门对首席执行官负责[8]。

公立医院的管理与运作一般有三个层次：一是宏观管理监督层，即医院董事会；二是院内事务决策层，即院长（或 CEO），负责医院的日常运作；三是执行层，即医疗、护理和总务三大部及其下层的有关部门与科室。

董事会一般每个月召开一次例会。其职能包括聘任任命医院院长（或 CEO）、审查批准医院的年度工作计划、财务预决算，审批大型设备的购置、更新和基建项目计划，评价医院的运行状况和院长的工作业绩，沟通医院与社会各界的联系，争取和接受社会各界对医院的捐赠。董事会不干预医院的正常工作运行，医院的日常运作由董事会任命的院长（或 CEO）负责，院长（或 CEO）是医院的最高行政官员并直接向董事会负责。院长（或 CEO）招聘任命三大部即医疗部、护理部、总务部主任，三大部都是垂直领导，所属人员的聘任、注册、培训、考核、晋升、工资、福利等都由各部主任决定，划定的经费也单独核算，各部包干。[5]

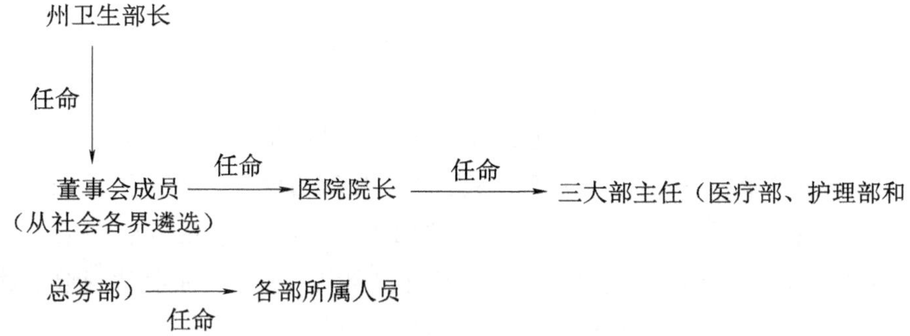

图 4-2 医院治理结构典型模式图

第5节 关于非营利性医疗机构准入、退出（关闭、破产清算）、变更性质等方面的规定

澳大利亚联邦政府没有对设立医院的条件实行统一规定，各州可自行制定医院准入政策。[9]

5.1 私立医院的一些规定

州和区的卫生主管部门负责私人医院和私立日间医院的发牌，并强制执行一定范围内的运营和质量要求。许可需要一些设施、满足一系列的标准，如建筑法规，提供专业服务以及安全性和质量监管。不同司法管辖区的发牌规定不同，在某些司法管辖区，私人医院及私立日间医院设施存在不同。[4]

新南威尔士州目前对私人医院及私立日间医院有不同的规定。在陈设、人员和质量保证流程方面，对私人医院的规定比私立日间医院的规定更规范。但是新南威尔士州提出的 2009 年《私人卫生设施条例》将消除私人医院和私立日间医院之间的区别，而且会根据提供的服务（而不是设施类型、规模和位置）强加一些符合规章制度的责任。[4]

在维多利亚州，私人医院和私立日间医院服从同样的管理条例，即健康服务（私人医院和日间程序中心）规例（2002年）。这些规定包含最低的护理人员对病人的比例和组合的护理人员要求。这些对于人员的要求比在其他司法管辖权下更具体。[4]

在司法管辖区中，南澳大利亚州、塔斯马尼亚州和北领地对私立日间医院的设施没有具体的发牌准则，但是会检查新的设施，并提供保证设施符合澳大利亚政府宣布的作为私人医院的条件。澳大利亚卫生和老龄部（DOHA）指出，联邦卫生和老龄部部长有权向私人医院申报健康保险、医疗福利和药物福利计划（DOHA，sub. 32）。[4]

5.2 非营利性组织的注册

在澳大利亚，全国性非营利组织注册由联邦财政部下属的证券委员会负责，该委员会在各州设有机构。地方性非营利组织在州司法局注册。注册的法律依据主要是商法和税法。成立非营利组织要有名称、章程、办公地点和5个以上的成员，没有注册资金的限制。[10]注册非营利性机构的方式有20多种。这种多样性是由许多的专业注册方式（如工会、家长协会）和联邦国家的存在产生的。有8种注册协会的方式，6种方式注册成为合作企业。这些方式给非营利性部门和政府带来了不必要的复杂和重复工作。集资也会受到多个州和领地的阻碍。[11]

第6节 非营利性医疗机构聘用人员与公立医院的差别（身份、收入等）

6.1 公、私立医院聘用人员身份的不同[12]

在私立医院，由于医务工作者被看成是医院的关键代理人，医院的生存能力取决于医院能否吸引和留住高水平的医生，因为高水平的医生能给医院带来病人。一般高水平的专家多数在私立医院工作，私立医院管理部门与医务工作者间良好协商，才能保证医院实现对住院率、决策安排和设备等的回报期望，也才能保证建立合适的质量管理体制和对新的医务工作者进行评价的体制。[12]

公立医院的情况与私立医院完全不同。公立医院的医务人员是公务员。在公立医院，往往是按支付报酬方法的不同把医生（医生只分高年资医生和低年资医生）分为两类：一类是由医院支付薪水的医生（包括专科医生和实习医生），这部分医生为受雇于政府的全日制医生；另一类为访问医生（包括高年资医生和专家）。护士（护士分一级护士和二级护士）和绝大多数医生（多为高年资医生）是自由职业者，在医院工作全是合同制，合同期限长短不一，完全根据工作需要而定。如有长期合同的护士分娩需休假1年，则再聘用一名合同期为1年的护士来顶替。合同制医生流动性很大且往往是兼职的，多数在两所以上的医院（或大学、诊所）同时任职，通过合同规定其在某医院（或大学、诊所）的工作时间与任务[5]。每周有固定时间在公立医院上班，其他时间则可以到外院做兼职医生[3]。访问医生同时为公立医院和私立医院的病人服务。在治疗公立医院的病人时由医院支付报酬。由于他们还在其他医院获取报酬，因此他们在公立医院的薪水要低于同级别的全日制医生[3]，而在治疗私立病人时，则由病人直接支付报酬给医生。因此，在公立医院，这部分医务工作者与医院之间有雇佣和被雇佣的关系，即治疗公立医院的病人时，医院为雇主，而在治疗私立医院的病人时，医生由于借用医院的场地（如诊室和手术室）和设备，医院变成被雇佣的关系。然而，鉴于这种状况和其流动性，通常这些医生都与公立医院签有契约，其情况与在私立医院的医生有一些相似之处。[12]

公立医院对医生的考核非常细致，根据医生的服务情况支付工资。医生每个工作日需填报一个工作日程表，详细记录所完成的工作内容并细化至每个操作，医院根据这个表格记录的工作量给医生付薪，同时这个表格又是医院（或病人）向政府医疗保险部门或私立保险公司获得费用的依据。这种记录资料是每个执行医生十分重要的资质档案。在医院，医生的薪金最高，一般高年资医生年薪达15万~20万澳元，管理人员相对较低，高级、中级、低级管理人员的年薪分别在9万~12万、5万、2.5万澳元左右。[5]

澳大利亚对医院高层管理者有着任职资格的要求，在澳大利亚，医院院长一旦走上管理工作岗位，就专职从事管理工作，不再参加或从事临床医疗工作。他们必须是皇家医院管理学会的成员。而医院管理学会成员必须经过卫生管理学硕士（MHA）或工商管理学硕士（MBA）的学习。医院院长的全部精力集中在医院的战略管理和发展上[13]。

6.2 各类医院员工的数量、构成及工资水平

6.2.1 非营利性医院员工构成

截止到2007年6月，澳大利亚共有102所非营利性医院。这些非营利性医院创造的行业价值达31亿美元；雇佣人员达55 652人，其中长期兼职人员占42.4%（23 609人），永久全职人员占37.1%（20 673人），临时工占20.4%（11 370人）。

除了支付报酬的员工，在2006~2007年，共有6 557名志愿者免费服务。

6.2.2 非营利性医院员工工资

表4-1显示了公、私立非营利性医院员工的工资情况。

表4-1　　非营利性医院员工的工资

	2012年5月工资估计（MYM）/周	2012年5月相比2011年2月的变化（%）	2012年5月相比2011年5月的变化（%）
私立和公立部门合计：			
成人全职普通时间收入	1 352.70	0.7	3.5
成人全职总收入	1 416.30	0.9	4.1
所有员工总收入	1 058.70	1.1	4.1
私立部门：			
成人全职普通时间收入	1 326.00	0.7	3.6
成人全职总收入	1 395.10	0.9	4.5
公立部门：			
成人全职普通时间收入	1 450.80	0.8	3.6
成人全职总收入	1 494.50	0.8	3.2

资料来源：Australian Bureau of Statistics.

6.2.3 公、私立医院护理人员的工资[4]

在护理人员方面，企业或司法管辖区与雇主和雇员工会之间的协议是确定工资的一个常用方式。现有数据表明，护士的工资在私立医院部门和

在公立医院部门很接近（新南威尔士州护士协会，2009年）。在维多利亚州，到2010年1月，公立医院及健康医院的最有经验的二级注册护士每周会被支付1 201.40美元，爱华医院则是每周1 207.83美元（劳资管理局2008a，2008b；2009年维多利亚卫生署）。在护理这个职业，就业条件（例如换班之间休息时间的长度）也是集体协议谈判的一个重点。

工资和薪金（包括间接费用）在以营利为目的和不以营利为目的的私人医院的目前开销中占了近50%。

6.2.4 不同地区间公立医院的工资[4]

州和区的公立医院员工的平均工资存在着一些明显的差别。如表4-2所示，虽然州和区的员工年平均工资差不多，但是北领地却提供比国家平均水平还要高出15 000美元的工资。医务人员的平均工资相对有更多的变化。在北领地和西澳大利亚州医务人员的年平均工资也相对较高（比国家平均水平高出27 000美元），然而新南威尔士州、南澳大利亚州和澳大利亚首都地区的医务人员领取全国最低的年平均工资。

表4-2　　公立医院员工的平均工资表，2007~2008[a]

	工薪医务人员	护士	诊断以及专职医疗人员	院内和其他工作人员	行政和文书员工	其他私人护理员工[b]
新南威尔士	137 766	73 702	64 367	51 188	59 834	na
维多利亚	152 284	75 503	53 505	62 953	44 809	na
昆士兰	159 069	72 044	67 317	46 252	51 662	50 635
南澳大利亚	141 196	72 152	72 019	35 312	52 568	41 722
西澳大利亚	178 762	77 422	71 333	53 021	56 719	na
塔斯马尼亚	158 685	71 293	64 432	41 612	49 529	na
北领地	181 065	89 656	76 490	53 233	58 693	67 279
澳大利亚首都地区	142 171	76 261	74 449	45 284	58 995	49 758
澳大利亚	151 211	74 237	62 259	51 491	52 910	47 020

a　急性精神病医院全职员工的平均工资（以美元为单位）。

b　新南威尔士和维多利亚的其他私人护理员工为归在诊断以及专职医疗人员一类或是归在院内和其他工作人员。

na　代表资料不存在。

资料来源：AIHW（2009a）。

6.2.5 私立医院的员工构成[4,11]

2006—2007 年间，在私人急性精神病院有 46 718 位领取工资的职员（表 4-3），这个数据不包括有权进行私人执业的医务人员。在这些医院，护理员工占整个领工资员工的 60%，平均每张被占用的病床上分配 1.4 名护理人员。工薪医务人员和其他诊断专职医疗人员在这些医院的总体工薪员工中占了 7%，行政和文书人员占了 16%（ABS 2008e）。属于行政和文职人员的工作包括会计、工程、信息技术和通信。医院管理人员的数量和他们的角色是很难通过数据辨别的，作为医院管理者可能会是也可能不是医院的临床医生（卫生经济中心，莫纳什大学，sub. 7）。

表 4-3　　私立医院员工数量 2006～2007[a]

	新南威尔士	维多利亚	昆士兰	南澳大利亚	西澳大利亚	塔斯马尼亚北领地和首都地区[b]	澳大利亚
全体工薪员工	12 068	12 152	10 882	3 672	6 093	1 854	46 718
工薪医务人员和其他诊断专职医疗人员	881	988	589	129	419	100	3 106
护理人员	7 244	7 247	6 454	2 244	3 398	1 214	27 801
行政和文书人员	1 815	1 885	2 099	589	959	297	7 645
院内和其他工作人员	2 126	2 031	1 740	710	1 317	242	8 166
人均床位的员工数量[c]	2.5	2.4	2.3	2.4	2.7	2.3	2.4
护理员工	1.5	1.4	1.4	1.5	1.5	1.5	1.4
其他[d]	1.0	1.0	0.9	0.9	1.2	0.8	1.0

资料来源：ABS（Private Hospitals, Cat. no. 4390.0）.

6.2.6 公立医院的员工构成[4,11]

在全国的公立医院部门，护士在所有的员工中所占的比例最大（45%）。表 4-4 显示：诊断及专职医疗人员，行政和文书人员，均在劳动力中约占 15%，医务人员占 11%，而院内（domestic）和其他私人护理人员构成了余下的 13%。

表 4-4 公立医院各职位人员数量[a]

	工薪医务人员	护士	诊断以及专职医疗人士	院内和其他工作人员	行政和文书人员	其他私人护理人员[b]
新南威尔士	8 353	36 726	12 470	9 627	11 099	na
维多利亚	6 783	27 024	12 412	6 578	10 802	…
昆士兰	5 622	19 219	4 860	7 462	6 177	923
南澳大利亚	2 190	9 152	2 043	1 848	3 071	787
西澳大利亚	2 667	9 593	2 906	4 194	4 053	na
塔斯马尼亚	512	2 222	527	995	660	…
北领地	342	1 212	321	558	432	15
澳大利亚首都地区	526	1 945	474	173	614	181
澳大利亚	26 996	107 089	36 013	31 434	36 909	na

a 为急性精神病医院全职员工的数量，数据中不包括维多利亚的一家医院，塔斯马尼亚的两家医院以及昆士兰的病理人员。

b 新南威尔士和塔斯马尼亚的其他私人护理人员被归类为诊断及专职医疗人士或院内及其他人员。

… 说明不适用。

na 表示不存在此数据。

资料来源：AIHW（2009a）。

6.2.7 公、私立医院的员工数量和工资比较[4,11]

公立医院和私立医院领取薪水的员工主要包括：领薪医务人员、护士、诊断及专职医疗人士、院内（domestic）和其他工作人员及行政和文书人员（会计、工程、信息技术和通信）。不同类型工作人员所占比例不同，各州之间也有很大差距。例如，在澳大利亚首都地区，医务人员在公立医院的劳动力中占了很大的比例，而在新南威尔士、维多利亚和塔斯马尼亚占相对比较小的比例。在新南威尔士州、南澳大利亚州和澳大利亚首都地区，护士在公立医院劳动力中构成了很大的比例，而在维多利亚、西澳大利亚和北领地却占了很小的比例。维多利亚的特点是有相当大比例的诊断及专职医疗人士。

表 4-5 将表 4-3 和表 4-4 进行合并，对公、私立医院的人员数量进行了比较。表 4-6 将公、私立医院员工工资和人员结构情况进行了归纳。

表 4-5　公（2007~2008 年）、私（2006~2007 年）立医院员工的数量对比

公立/私立	有薪医务人员及健康诊断专家	护士	院内和其他工作人员	行政和文书员工
新南威尔士	20 803/881	36 726/7 244	9 627/2 126	11 099/1 815
维多利亚	19 195/988	27 024/7 274	6 578/2 031	10 802/1 885
昆士兰	10 482/589	19 219/6 454	7 462/1 740	6 177/2 099
南澳大利亚	4 233/129	9 152/2 244	1 848/710	3 071/589
西澳大利亚	5 573/419	9 593/3 389	4 194/1 317	4 053/959
塔斯马尼亚、北领地和首都地区	2 702/100	5 739/1 214	1 726/242	1 706/297

表 4-6　公、私立医院员工工资和人员结构情况归纳

	公立医院	私立医院
工资	州和区的公立医院员工的平均工资存在着一些明显的差别。虽然州和区的员工年平均工资差不多，但是北领地却提供比国家平均水平还要高出 15 000 美元的工资（表 4-2）。医务人员的平均工资相对有更多的变化。在北领地和西澳大利亚州医务人员的年平均工资也相对较高（比国家平均水平高出 27 000 美元），然而新南威尔士州、南澳大利亚州和澳大利亚首都地区的医务人员领取全国最低的年平均工资	工资和薪金（包括间接费用）在以营利为目的和不以营利为目的的私人医院的目前开销中占了近 50%。在护理人员方面，企业或司法管辖区与雇主和雇员工会之间的协议是确定工资的一个常用方式。现有数据表明，护士的工资在私人医院部门和在公立医院部门很接近（新南威尔士州护士协会，2009 年）。在维多利亚州，公立医院及健康医院的最有经验的二级注册护士每周会被支付 1 201.40 美元，爱华医院则是每周 1 207.83 美元（劳资管理局 2008a，2008b；2009 年维多利亚卫生署）。在护理这个职业，就业条件（例如，换班之间休息时间的长度）也是集体协议谈判的一个重点

续表

	公立医院	私立医院
员工	在全国的公立医院部门，护士在所有的员工中所占的比例最大（45%）。诊断及专职医疗专业人士，行政和文书人员，均在劳动力中约占15%，医务人员占11%，而院内（domestic）和其他工作人员，构成了余下的13%	护理员工占整个领工资员工的60%，平均每张被占用的病床上分配1.4名护理人员。工薪医务人员和其他诊断专业在这些医院的总体工薪员工中占了7%，行政和文书人员占了16%

第7节　非营利性与营利性医疗机构的税收政策差异

非营利组织经过向税务局申请并获批准后，可以享受非营利组织在经营税、商品税和个人所得税方面的免税优惠，免税的通常做法是先征后退。但联邦法律对非营利组织的经费使用有着极为严格的管理制度。非营利组织收入的40%以下可以用于组织的行政管理支出，60%以上必须用于社会福利事业或公益慈善事业。一旦违反规定，就会受到严厉的惩处[14]。

非营利性医院（包括宗教、慈善和社区医院）作为非营利性组织的一种，目前得到可观的税收减免，包括福利税收（非营利性医院和公立医院的每个员工的高达17 000美元的附加福利税将被免除[4]）、国家/州的工资税和土地税（State-based payroll and land taxes）、所得税（Payable on Company Profits but not on Retained Surpluses of "not-for-profit" Hospitals）、接受的免税馈赠（Deductible Gift Recipient Status）[15]。

自1986年起《附加福利税评定法令》已经允许被列为公共慈善机构的公立医院和非营利性医院将附加福利税的减免延伸到每个员工年收入17 000美元。这个法令又在2003年做出修订以允许公立医院将这种福利提供给每个员工，非医院公共慈善机构的最高限额是30 000美元。虽然护士的工资的统一性使得公立医院向护士提供相同的总工资，但是这些医院护士在扣税之后获得的净收入不同于营利性医院的护士（CHOA pers. comm.，10 August 2009）。这就导致了护士净收入有不同的层次，从在以营利为目的的医院（没有附加福利税减免）的护士，到在非营利性医院工作的护士（有高达 17 000 美元的附加福利税减免），再到在非医院的公共慈善机构的护士（有最高达 30 000 美元的附加福利税减免）。[16]

附加福利税的不等，虽然直接受益人是员工，但可能造成的影响是护士会转移到非营利性医院和公立医院。在卫生工作人员相对紧张的劳动力市场的背景下，这种情况对于以营利为目的医院尤其是个问题。如果工资福利的使用和意识变得越来越广泛，就有可能使以营利为目的的医院在支付与其竞争的非营利性医院所提供的净收入上有越来越大的压力。[16]

第 8 节　政府对非营利性医疗机构实施监管的主要内容和方式

澳大利亚联邦政府设卫生部、州设卫生厅、当地（市）政府设卫生局，分别代表三级政府行使卫生行政管理职能。州政府在联邦政府各种方式的资助下，定期巡视各医院的运行状况（一般每年 4 次），对医院和院长（或首席执行官即 CEO）的工作进行评价并向该医院董事会通报。州卫生厅的各项卫生服务工作则以区域卫生局（Area Health Services，AHSs）为单位开展，AHSs 负责监督、管理和协调区域内各医疗机构的医疗服务活动及区域卫生资源配置、制订区域卫生服务计划，维持区域内预防与治疗工作间的平衡等。同时由政府资助成立了健康医疗标准委员（简称 ACHS），它独立行使监管职能，负责对全国医院的监管。通过检查医院月报表和查账等方式可以对医院的医疗行为进行监管。每年 ACHS 对全国医院医疗情况检查一次。检查采用交叉检查方式，成员都来自其他州所辖医院的医生、护士以及其他职员。检查依据的标准是一套由 ACHS 指定的标准全书，并参照所在州政府和当地政府的相关规定[2]。

澳大利亚会定期公布各医院同一诊断或手术的死亡率以实施行政监督[17]；政府通过定期对医院考核来加强监督管理，通过病人满意度、等候时间、急诊等待、治疗负面反应、成本、主要疾病的治疗效果等一系列指标评价，并在一定的程度上与政府拨款挂钩。通过以上措施，使政府对医疗卫生服务的宏观调控能力大大增强，使卫生服务更好地为国民健康服务[18]。

对医生的监管、医生执业资格考核和核准则由医师专业协会负责。同样，其他卫生从业人员的资质由专业协会委员会决定，如果专业委员会收到对某医师的投诉超过 3 次，就会组织调查并根据调查结果取消该医生的行医资质[19]。

第 9 节　非营利性医疗机构运行及后续发展的主要筹资来源

9.1　公立医院的筹资来源

公立医院采取了多样化的筹资渠道[20]，主要有以下几个方面：

第一，政府渠道。由联邦、州或区的各级政府提供资金，联邦政府用医疗保险经费，根据卫生保健协议以及其他相关因素核算并对医院进行拨款，这是目前公立医院主要的筹资渠道。州和区政府为公立医院的服务提供 53% 的资金，澳大利亚政府提供大约 40%。

第二，非政府渠道。非政府资源贡献约为 7%[21]，包括：（1）公立医院在完成联邦政府赋予的社会保险任务的同时，可以自主收治部分私人保险病人，作为医院筹资渠道的重要补充；（2）社会筹资，澳大利亚政府政策规定，凡向公益事业捐款可免于征税，医院则充分利用这个政策，每个医院设立公共关系部，广泛向社会宣传，使社会主动为医院捐赠；（3）院内兴办部分服务业等。

图 4-3 显示了各州、领地公立医院的筹资渠道及构成比情况。

9.2　私立医院的筹资来源

私立医院资金的获得主要包括两部分：一部分是用于投资、新建建筑和设备的资金；另一部分是营运资金。但是政府对私人医院所有诊疗项目

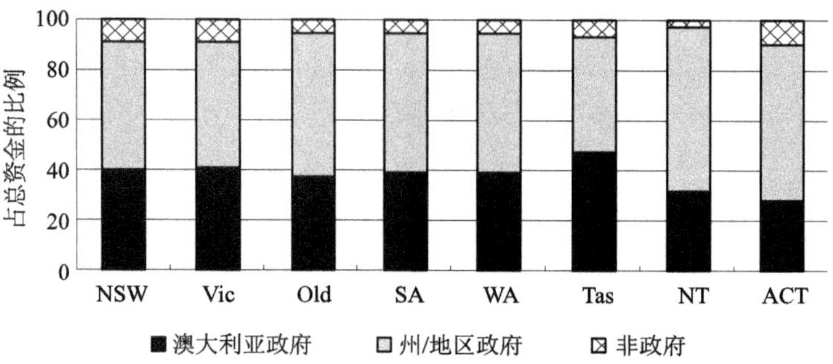

图 4-3 公立医院的资金来源（2007~2008 年）

资料来源：AIHW（2009c）.

的收费标准均有严格的规定，不允许滥收费。收费标准由卫生部、医疗保险委员会和医生协会共同制订[22]。

对于营业收入，私立医院有一系列的营业收入的来源：（1）最重要的是私人健康保险，如在 1997 年（见图 4-4 及表 4-7），私立医院依赖医疗保险基金收入达 22.95 亿美元，占私立医院总收入的 62.7%。（2）37.3% 的为“其他”来源。这些“其他”来源主要有病人自己支付；从政府或法定机构的收入，特别是退伍军人事务、工人补偿和强制性的第三方（Compulsory Third Party，简称 CTP）；与公立医院或卫生部和财政部签合同及来自海外病人的收入。私立医院也从联邦政府的其他来源获得收入。他们还受益于政府对私人医疗保险注册的 30% 的折扣，虽然没有直接的收入。除了这些来源，私立医院从并不是与病人直接相关的方面获得收入，其中最重要的是停车设施（可能是医院直接或由第三方操作）、在医院场所的零售商店（这可能构成一定百分比的收入以及租赁费用），以及拨款和私人捐款给医院附属机构，包括研究基金会和遗赠。每种资源都是一个重大贡献。[15]

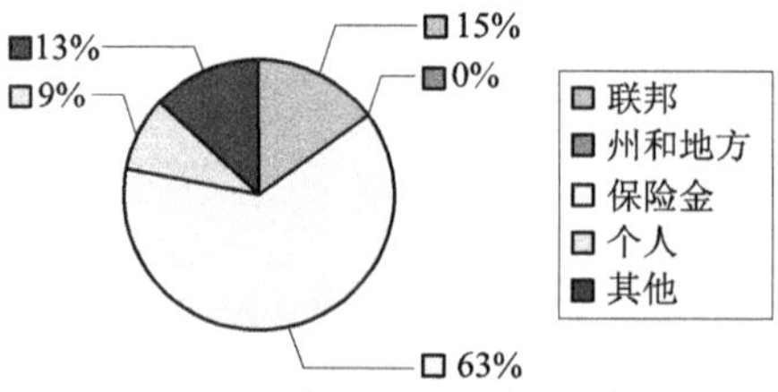

图 4-4 私立医院的营业收入来源比例

表 4-7　　澳大利亚按支出领域和资金来源划分的卫生服务总支出和当前价格，1997~1998（百万）

	政府领域			非政府领域				
	联邦	州和地方	总计	健康保险资金	个人	其他	总计	总支出
总医院	6 343	6 437	12 780	2 607	418	1 095	4 120	16 900
公立医院	5 771	6 080	11 851	311	79	595	986	12 836
私立医院	550		550	2 295	321	493	3 109	3 658
退伍军人医院	15		15					15
公共精神病医院	7	357	365		18	7	25	390
养老院	2 575	137	2 712		608		608	3 320
救护车	90	281	370	106	129	38	273	643
总机构	9 007	6 855	15 862	2 712	1 155	1 133	5 000	20 863
非机构	11 956	2 197	14 154	1 721	6 452	805	8 978	23 132
经常支出总额	20 964	9 053	30 016	4 434	7 606	1 938	13 978	43 994
资本支出	70	1 400	1 470	na	na	na	994	2 464
资本消费	34	538	572	na	na	na		572
卫生总支出	21 068	10 990	32 058	na	na	na	14 972	47 030

近年来私立医院这些“其他来源”资金的比例在增加，与之相对应的，私立医院接受来自私人健康基金（保险公司）的资金比例下降。

私立医院收入主要来自手术室使用费和病床设施，一些医院提供广泛的服务，如诊断、化疗和亚急性服务，这些也会从病人那里获得收入。私立医院一般订购和支付假体，然后从医疗保险或病人那里收回成本。医疗费用通常是单独计费，医疗服务提供者会直接找病人，而不是通过医院账户核算。私立医院一般有服务更多患者的动力。私立医院，尤其是营利性医院，会为了所有者和股东的利益使资本投资和劳动力收益最大化。与此同时，不以营利为目的的私立医院的创收动力不是很强，但是这些医院也旨在避免亏损。

在大多数私立医院的结构中，来自病人的收入是医院收入的主要来源。在2006~2007年间，这种收入在医院收入的比例从在宗教或慈善私人急性精神病医院（非营利性医院）的95%到利润投资者（营利性医院）的98%波动（表4-8）。

表4-8　　2006~2007私立医院的收入和开支[a]

	营利	非营利	
		宗教或慈善	其他[b]
收入	美元	美元	美元
病人收入[c]	3 543 450	3 012 142	254 890
康复[d]	53 238	74 009	6 650
其他[e]	39 336	92 335	6 427
总收入	3 636 025	3 178 486	267 967
经常性开支[f] 包括间接费用的工资及薪金	1 700 724	1 556 302	144 770
药品以及医疗手术用品[g]	873 026	810 497	68 778
食品供应	45 478	47 084	4 951
其他院内服务	45 630	49 801	4 179
行政开支	208 042	239 737	17 022
修理和维护	46 237	39 177	3 537
其他[h]	297 164	353 347	26 230

续表

	营利	非营利	
		宗教或慈善	其他[b]
经常性开支总额	3 216 301	3 095 945	269 464
总资产开支[i]	207 984	220 453	11 282

注释：a 急性精神病医院（不包括独立日间医院）

b 包括临时护理、社区和纪念医院

c 包括病人的住宿和其他费用收入

d 康复费用包括全职医生支付的员工食宿和设备使用费

e 包括投资收入，慈善和遗赠收入和来访人员开支

f 包括物品和服务开支，这些物品和服务不会引起固定资产的再造和兼并

g 手术植入假体和同种异体项目

h 利息，贬值，合同服务和运输

i 资产兼并或加强的开支

资料来源：ABS（Private Hospitals, Cat. no. 4390.0）.

公立和私立医院在收入方面的一个最大的区别出现在各自如何获得投资资本及其所占的比例、用于主要建筑和设备的资金（包括更新机械设备、收购和新建设如共存的医院）。为了获得投资资本，私立医院必须经常以商业上的贷款利率借用商业来源，如零售和投资融资机构，而对于一些非营利性医院，它可能以贷款或赠款的方式通过源组织来获得资金。投资者投资的医院必须借按商业条款。[15]

9.3 非营利性医院的收入和支出结构

9.3.1 收入

在2006~2007年，非营利性医院共收入53亿美元。图4-5说明，这些机构的收入主要来自医院的服务（36亿美元，占67.3%），联邦、州和区地方政府的拨款（15亿美元，占27.1%）以及其他方面。

9.3.2 支出

在2006~2007年，非营利性医院的总支出达52亿美元。图4-6说明这些非营利性医院的劳动力支出占总支出的54.1%（28亿美元），购买设备等占21.6%（11亿美元），折旧及摊销前利润占4%（2亿美元）和其他

方面的支出。

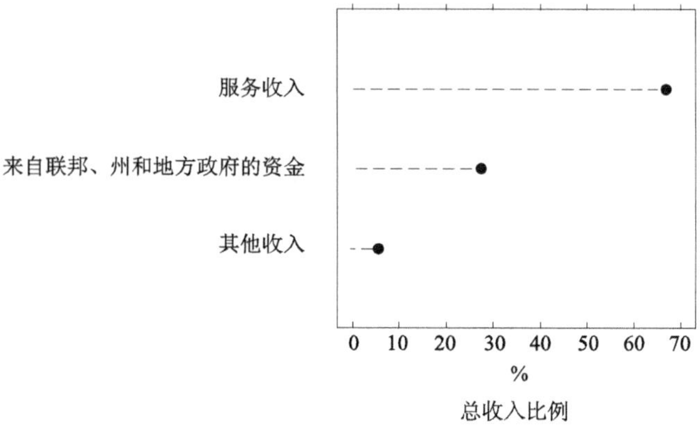

图 4-5 非营利性医院的收入结构

数据来源：Australian Bureau of Statistics.

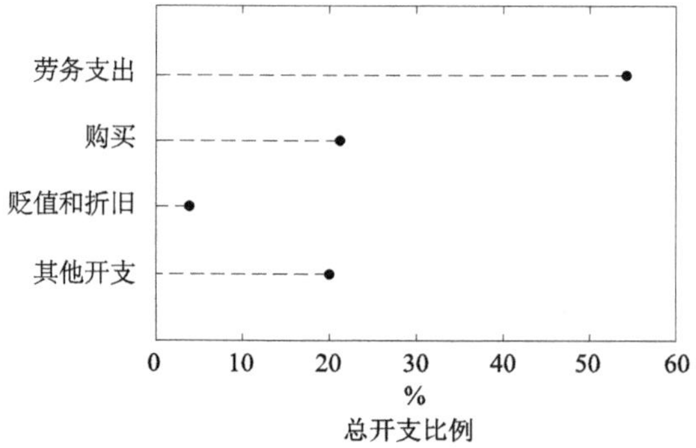

图 4-6 非营利性医院的支出结构

数据来源：Australian Bureau of Statistics.

9.4 政府对私立医院的补偿[23]

澳大利亚私立医院之所以能健康发展，发挥越来越重要的作用，主要得益于澳大利亚政府制定了一系列政策与措施，为私立医院提供了公平的竞争环境。

9.4.1 财政资助

政府可以通过多种途径直接或间接地对私立医院进行补偿。澳大利亚医疗费用的流向见图 4-7。从图 4-7 中我们可以看出，政府可通过对健康保险基金的补贴间接对私立医院进行补偿，也可以通过一些特别的项目或协议直接对私立医院进行补偿。另外，全科医生（GP）作为医疗服务的守门人，都是个人开业，联邦政府按人头每人次约25澳元直接支付诊金。

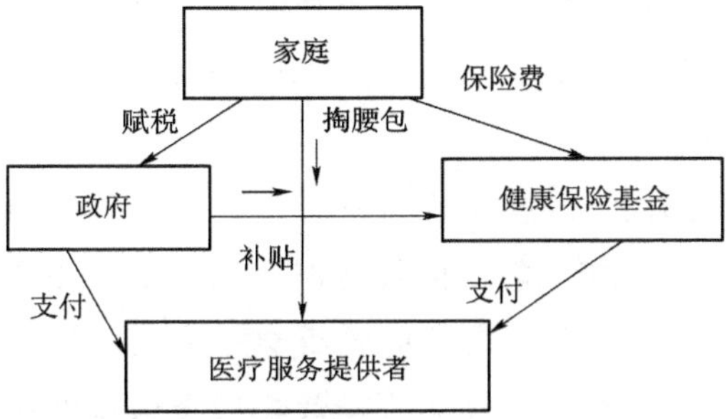

图4-7 澳大利亚医疗费用的流向

9.4.2 优惠政策

允许在公立医院中开设私立医院，使得公立医院和私立医院互惠互利。一是可以减少服务项目和机构的重复设置，达到资源共享的目的。二是便于公立医院留住和（或）吸引人才。一般高水平的专家多数在私立医院工作，如果在公立医院中设立私立医院，方便专家接诊私立病人，就可以聘请到高水平的专家，保证公立医院医疗服务的质量。三是有公立医院专家和先进设备做后盾，私立医院更能吸引病人。对一些私立医院通过签订协议，可以接纳公立病人。另外，对于私立非营利性医院给予税收等方面的优惠政策。

第10节　对非营利性医疗机构与营利性医疗机构管理的主要区别

10.1 公立医院的管理和运作

澳大利亚医院的管理结构，根据所有者类型的不同，医院规模和服务有着很大的区别。

公立医院典型的管理模式是：医院由董事长来管理，而董事长由州或领地卫生部长任命。通常董事会负责管理的医院数在一家以上。在某些州，这些负责多个医院的董事会要负责管理所有提供公共卫生服务的机构以及代理区域卫生行政部门行使职权，如新南威尔士州的城市地区卫生行政部门的董事会。而在其他州，如维多利亚州，董事会仅负责同一网络医院（或称医院集团）的管理，区域卫生部门仍旧负责监管本区域的医院和社区卫生服务机构。[12]

虽然医院管理部门（包括卫生行政部门、医院网络的董事会或医院董事会）的作用和责任是相似的，但其运作方式常常是完全不同的。对于负责较大的医院集团或医院预算较大的董事会，其法人治理方式在功能上与私营商业企业的董事会相似，日常的经营管理交由首席执行官和管理人员负责，其法人实体的管理机构也采用更商业化的方式来进行，如对其所控制的机构应提供何种服务做出总的决策。相反，对于财务预算较小的单位，其董事会的权限则具体到日常的运作决策。[12]

10.2 教会组织举办医院的管理和运作

无论是公立医院或私立医院，教会组织所举办的医院已经发展成十分复杂的管理模式。最初，教会医院由宗教组织直接运作，如慈善医院一般由修女直接管理。但随着修女人数的减少，现在的教会医院也是由宗教团体任命的董事会来管理。但修女在董事会的组织机构中仍起关键作用。许多宗教团体已经把它们所属的医院组织为州际性的医院网络，并由一个州际的董事会来管理，负责实体内所有医院的发展战略决策。[12]

10.3 私立医院的管理和运作

私立医院的管理模式也已经变成了混合型的协调管理模式。

许多私立医院也组成了网络医院，这些连锁医院也有着与商业企业一样的董事会。一些网络医院的董事会仅仅是其所属主要控股公司董事会的附属董事会。

许多个人投资者拥有的私立医院或较小的投资团体属下的一家或两家私立医院，其管理模式则因其管理形式和决策过程不同而异。

另有些私立医院则由合作伙伴来负责医院的日常运作。这些伙伴关系有由医生组成的合作伙伴关系，或医生和其他投资者组成的合作伙伴关系。一般来说，较小的组织的董事会与较大团体的董事会相比，其决策过程就没有这么注重形式了。甚至在一些较小的私立医院，个人投资者就可能和首席执行官那样直接负责医院的日常运作。[12]

10.4 公、私立医院的治理结构及内部管理归纳

表 4-9 对公、私立医院的治理结构及内部管理进行了归纳。

表 4-9 公、私立医院的治理结构及内部管理归纳

	公立医院	私立医院
医院治理结构	董事会	混合型的协调管理模式与商业企业一样的董事会，教会医院也是由宗教团体任命的董事会来管理
医院内部行政管理	对于负责较大的医院集团或医院预算较大的董事会，其法人治理方式在功能上与私营商业企业的董事会相似，日常的经营管理交由首席执行官和管理人员负责，其法人实体的管理机构也采用更商业化的方式来进行；对于财务预算较小的单位，其董事会的权限则具体到日常的运作决策	其管理模式因其管理形式和决策过程不同而异。有些私立医院由合作伙伴来负责医院的日常运作。甚至在一些较小的私立医院，个人投资者就可能和首席执行官那样直接负责医院的日常运作
医院内部业务管理	医疗、护理和总务三大部及其下层的有关部门与科室	—

第 11 节 一些基础数据：非营利性医疗机构的规模、主要功能、服务能力，在该国（地区）医疗服务市场中所处的地位等

11.1 公、私立医院的服务类型

公立医院由政府建立，所有权属于政府，主要接受急诊、全科医生或

专科医生介绍的病人。提供服务的主要类型是急性服务，但是他们的服务业扩展到康复治疗、保守疗法、老人科、新生儿科和维持治疗（Maintenance Care）[4]。

私立医院只接受短期治疗有效的、低成本病人，不设急诊科，不愿接受癌症等高成本病例的治疗。急症医院至少会对接受的患者提供一些治疗、外科或产科服务入院的服务，并提供昼夜全面合格的护理服务以及其他必要的专业服务；独立式日间医院设施只在白天为紧急的状况提供检查和治疗。天主教医院也有一个任务，体现在会比只关注利润最大化的医院提供更广泛的治疗，如保守疗法[4]。

尽管私立医院近期得到发展，但公立和私立医院之间的功能仍继续存在显著性差异，私立医院的一个遗留问题仍是关注手术、一系列付款时间表和从营利角度来考虑的特定服务（如外科手术和治疗）带来的激励。私立医院作为一个整体在澳大利亚的主要职能仍然主要是手术和治疗：50%的私立医院的门诊病人是手术患者。相比较之下，外科手术患者占公立医院的比例还不到30%。[16]

私立医院没有自己的药房，由社区药店为医院提供服务。澳大利亚的社区药店提供了80%的药品服务。医院的社会化程度较高，即项目外包的情况普遍。几乎每一所医院都有其特色服务项目，树立自己的品牌，但不存在重复购置医疗设备和互相攀比的情况[13]。

医疗卫生服务研究历来是在公立医院进行的，研究一直是公立医院部门的一项重要功能。虽然越来越多的临床训练在私立医院开展，但这仍然是公立医院的一个主要责任。州和领地政府继续将大多数的临床训练资金引向公立医院。[16]

11.2　公、私立医院的选择

公民无论门诊、住院均可免费享受公立医院的一切设施和诊疗项目（包括住院期间的伙食费），但公立医院提供的是基本医疗，《澳大利亚健康保险法》规定，在公立医院就诊时病人无权选择医生和病房，也不享受优先住院和治疗，有些非急、重病人的诊治需等候较长时间，同时免费医疗一般也不包括牙科、理疗和按摩治疗等服务[9]。因此有条件的患者（中、高收入阶层）愿意购买私人保险以期获得更好、更快捷、更有效的医疗服务，但这只能报销75%的费用，其余由私人保险或病人自付[23]。在私立医院，选择性外科手术（Elective Surgery）时，患者可以自由选择专家医生，而这在公立医院是不可能的[24]。

11.3 公立医院的规模

公立医院的规模有很大的差异：大多数有50张病床或者更少，仅有近10%的医院有超过200张的病床（表4-10）。[4]

表4-10　　公立医院不同规模的数量2007~2008[a]

	0-50床位	51-100床位	101-200床位	大于200床位
新南威尔士	149	29	23	27
维多利亚	90	21	19	18
昆士兰	142	11	10	14
南澳大利亚	65	6	2	7
西澳大利亚	73	5	8	8
塔斯马尼亚	24	—	1	2
北领地	2	1	1	1
澳大利亚首都地区	1	—	—	2
澳大利亚	546	73	64	79

a　急性精神病医院

资料来源：AIHW（2009a）.

塔斯马尼亚州、南澳大利亚、西澳大利亚州和昆士兰州有集中程度最高的小医院：这里面每个州的超过80%的医院不超过50张病床。相比之下，虽然在北领地和澳大利亚首都地区医院总体数量较少，但是却有较高密度的大型医院（卫生福利研究院，2009c）。

11.4 私立医院的规模

澳大利亚的私立医院包括急性精神病医院、独立的日间医院。2009年数据显示澳大利亚有556家私立医院，其中285家是急性精神病医院，271家是独立的日间医院（DOHA，2009c）。2006~2007年，289家私人急性精神病医院中，有165家是以营利为目的的，124家是不以营利为目的的。

不以营利为目的的医院被列为非营利性医院，而同澳大利亚税务局或澳大利亚证券及投资事务监察委员会联系在一起的。这些医院又被进一步分为“宗教或慈善”和“其他”（ABS，2008e）。在不以营利为目的的部门，天主教的服务代表了澳大利亚最大的健康社区和老年护理的服务，在75家医疗设施（私营和公营）中提供9 500张病床，其中包括7家教学医院（CHA，2009b）。[4]

私立急性精神病医院有相当一部分规模很小：43%的医院有少于50张床位，不到10%的医院有200多张病床（表4-11）。[4]

表4-11　　私立医院不同规模的数量2006~2007[a]

	0~50床位	51~100床位	101~200床位	大于200床位	总计
新南威尔士	35	32	15	3	85
维多利亚	37	24	16	5	82
昆士兰	22	16	12	7	57
南澳大利亚	8	7	np	np	30
西澳大利亚	10	3	6	4	23
塔斯马尼亚、北领地及澳大利首都地区	3	5	np	np	12
澳大利亚	125	87	55	22	289

np　未发布的但包括在总数中。

资料来源：ABS (Private Hospitals, Cat. no. 4390.0).

在床位的数量方面，由宗教团体和慈善机构经营的私立急性精神病院一般要大于其他的私立医院。这些医院在最小的私立医院（最多50张）中占大约20%，在有101~200张病床的医院中约占40%，在大于200张病床的医院中占了约60%（ABS，2008e）。

11.5　公、私立医院的市场份额

表4-12和图4-8比较了澳大利亚2001~2002年公、私立医院的规模情况，可以发现，私立医院占据了澳大利亚医疗服务市场的1/3以上份额和77.7%的业务收入。

表 4-12　2001~2002 年澳大利亚公立医院与私立医院情况比较 [24]

指标（单位）	公立医院	私立医院	合计	私立医院所占比例（%）
机构（个）	746.0	537.0	1 283.0	41.9
病床（张）	51 461.0	26 512.0	77 973.0	34.0
院均床位数（张）	69.0	49.0	61.0	……
总出院人次（万）	396.8	255.1	651.9	39.1
总住院日（万）	1 626.6	722.8	2 349.4	30.8
平均住院日（天）	4.1	2.8	3.6	……
病床使用率（%）	87.0	75.2	83.0	……
全职职工数（万）	19.2	4.9	24.1	20.3
业务收入（$ m）	1 532.0	5 328.0	6 860.0	77.7
人次费用（$）	386.1	2 088.6	1 052.3	……
业务支出（$ m）	16 848.0*	4 996.0	21 844.0*	22.9
人员工资比例（%）	62.0	55.0	……	……

注：* 含设备折旧费

…… 代表没有相关数据

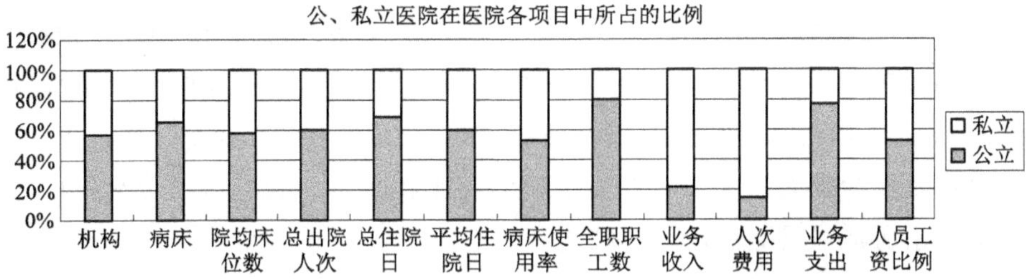

图 4-8　2001~2002 年澳大利亚公、私立医院情况比较

2010~2011 年，澳大利亚共有 1 340 所医院，其中公立医院有 752 所，占 68%（57 772）的床位数；私立医院有 588 所，占 32%（28 000）的床位数（私立医院的床位数数据来源于 2009~2010 年）（Australian Institute of Health and Welfare）。

11.6　不同类型私立医院的市场份额及医疗花费

在 2010~2011 年的 890 万入院病人中，有 530 万去了公立医院，360

万去了私立医院；在 2007~2008 年度，公立医院治疗的病人中超过三分之一的是 65 岁或者年龄更大的公立医院 14% 的病人选择成为私家医院的病人[21]。

表 4-13 显示的是 1999~2000 年间，在私立急性和精神病医院的患者的分布情况。可以看出，流向私立医院的病人中，超过一半（56.1%）的患者流向营利性医疗机构；在营利性医院住院的病人，其住院天数占所有私立医院住院天数的 54.7%。

表 4-13　　私立急性精神病医院不同类型的数量 1999~2000

	类别		病人住院时间		平均住院时间	占用率
	比例		比例		天数	比例
营利	1 009.1	56.1	3 407.1	54.7	3.4	70.7
非营利与教育慈善	682.6	37.9	2 416.7	38.8	3.5	74.3
其他[a]	107.4	6.0	408.1	6.6	3.8	69.1
总计	1 799.1	100.0	6 231.9	100.0	3.5	72.0

a　包括临时护理院，社区和纪念医院

数据来源：ABS，2001，p.14.

具有不同所有权结构的私立医院之间，每个病人每天所花的平均费用也不同，单个病人花费最高的是宗教或慈善医院，1998~1999 年每个住院床日花费 664 美元，其他非营利医院是 552 美元，营利性医院是 557 美元。这也许是因为宗教医院的病人会受到更专业和复杂的服务，也可能是由于其他因素所造成的更高的成本结构。

第 12 节　公、私立医院的分布

12.1　公立医院的分布

公立医院的位置很分散。澳大利亚大约四分之一的公立医院坐落在主要城市，很少位于偏远地区，然而大多数位于区域地带（表 4-14）[21]。

表 4-14　　根据位置划分的公立医院的数量 2009[a]　　单位：家

	主要城市	内部区域	外部区域	偏僻地区	非常偏僻地区	所有区域[b]
新南威尔士	63	80	61	13	5	224
维多利亚	56	57	36	2	..	151
昆士兰	18	33	66	24	53	197
南澳大利亚	12	15	27	14	5	73
西澳大利亚	12	8	28	23	14	85
塔斯马尼亚	..	12	15	1	2	30
北领地	..	..	1	2	2	3
首都地区	3	—	..	..	..	5
澳大利亚	164	205	234	79	81	768

a　急性精神病医院的位置是根据 ABS（2001）澳大利亚标准地理分类确定。

b　包括（新南威尔士的两家公立医院和昆士兰的三家公立医院，由于缺乏邮政编码数据而不能进行地理分类）

“…”　代表不适用（州或领地不包含按地区分类的医院）

—　Nil 代表“0”零的意思。

资料来源：DOHA（2009e）.

澳大利亚首都地区是个例外，所有的医院都位于堪培拉；在北领地，大多数医院位于偏远地区；昆士兰州和西澳大利亚州也有相对高密度的医院位于偏远地区。这种分布的模式反映了每个州住在主要城市外的人口的比例。

12.2　私立医院的分布

大多数私立的急性精神病医院位于新南威尔士和维多利亚州（表 4-15）[4]。

表 4-15　　私立医院的数量和活动 2007～2008[a]

	医院的数量（家）	分流病人的数量（人）	每 1 000 居民的分流病人数	当天分流病人比例
新南威尔士	84	662 743	90.8	59.7
维多利亚	75	663 465	114.9	55.6
昆士兰	55	596 730	138.8	56.9

续表

	医院的数量（家）	分流病人的数量（人）	每 1 000 居民的分流病人数	当天分流病人比例
南澳大利亚	31	196 865	112.0	53.1
西澳大利亚	24	259 807	120.5	55.9
塔斯马尼亚、北领地和首都地区	11	np	np	np
澳大利亚	280	2 461 852	115.1	56.8

a　急性精神病医院（不包括独立日间医院）。

np　代表未公布或出版的，但是包含在提供的总数里面，有特别说明的除外。

数据来源：澳大利亚卫生福利研究所（2009a）。

在 2006~2007 年度，所有可利用的私人急性精神病医院病床的 75% 位于省会城市，虽然澳大利亚的人口只有 64% 居住在这些地区（ABS，2008e）。从全国来看，位于大都市的私人急性精神病医院要比位于偏远地区的多。在 2006~2007 年度，由宗教和慈善机构经营的私立急性精神病医院提供了 10 246 张病床，相当于所有私人急性精神病医院可用病床总数的 42%；这些病床中大约 75% 位于省会城市，其余的在省会城市外（澳大利亚，2008e）。

参考文献：

[1] 刘利群，吕春雷．澳大利亚社区卫生服务的提供体系及启示．中国全科医学，2002，5（1）：40-42.

[2] 梁智．澳大利亚医疗制度与改革．国外医学：卫生经济分册，2006，23（3）：97-102.

[3] 任丽梅．权责分明的澳大利亚医疗保障体系．中国改革报，2005-9-15.

[4] http://www.pc.gov.au/__data/assets/pdf_file/0003/93036/06-chapter3.pdf.

[5] 欣越．澳大利亚医院管理．中国卫生产业，2006（11）.

[6] 李卫平．公立医院法人治理模式与绩效管理．卫生经济研究，2012（5）.

[7] 陆荣强，徐爱军．国外公立医院治理结构特点及对我国的启示．卫生经济研究，2009（11）：24-26.
[8] 王霞，郑雪倩，李敬伟，等．公立医院法人治理结构现状综述．中国医院，2007，11（5）：2-4.
[9] http：//www. chinacity. org. cn/csfz/fzzl/59052. html.
[10] 韩国明，魏丽莉．比较与借鉴：国外政府建构与非营利组织的合作模式．行政与法，2006（5）：17-19.
[11] http://australia. gov. au/search? coverage = pub&collection = gov_combined&meta_x_sand = all&form = simple&gscope1 = +&query_prox = +&query_and = +&query_phrase = +&query_not = +&sort = +&advancedSearch = false&meta_f_sand = +&query = LAWS + ON + NONPROFIT + HOSPITALS&publications_subsearch = all.
[12] 黄高明，倪建，陈英．透视澳大利亚各类医院的管理和运作．国际医药卫生导报，2005（3）：82-83.
[13] 苏维，裴丽昆．从中澳两国医院管理者的差异看职业化管理. 中华医院管理杂志，2005，21（8）：563-566.
[14] 曲国霞，郭培良．我国民间非营利组织收入管理有关问题研究．社会科学家，2007（6）：71-74.
[15] Bloom AL. The funding of private hospitals in Australia. *Australian Health Review*，2002，25（1）：19-39.
[16] http://www. pc. gov. au/__data/assets/pdf_file/0003/94566/12-chapter8. pdf.
[17] 郑全慧，张昕，刘英．国外医院管理介绍．世界标准化与质量管理，2008（4）：33-35.
[18] 冯仇美，徐芸，洪禹思，等．澳大利亚医疗价格管理制度考察报告．国际医药卫生导报，2003（8A）：94-96.
[19] 张振庭．澳大利亚医疗体制介绍及启示．医院院长论坛，2011，8（4）：59-63.
[20] 吕美行．市场经济大环境中的医院经营管理——考察澳大利亚医院的体会．江苏卫生事业管理，1994：4.
[21] http：//www. pc. gov. au/__data/assets/pdf_file/0020/93035/05-

chapter2. pdf.

[22] 陈翔．澳大利亚的联邦国民医疗保险制度．中国卫生事业管理，2000，4：245-245.

[23] 黄高明，倪建，王凡．澳大利亚私立医院的状况．中国医院管理，2005，25（12）：89-91.

[24] Duckett SJ. Living in the parallel universe in Australia：public Medicare and private hospitals. *Canadian Medical Association Journal*，2005，173（7）：745-747.

第5章
新 加 坡

第1节 新加坡卫生体制概况

1.1 卫生管理体制

新加坡医疗卫生管理体系主要由卫生部及其直属的健康促进局和卫生科学局组成。卫生部主要负责对医疗机构实行注册、认证和管理，健康促进局主要负责疾病预防和健康教育工作，卫生科学局主要负责药品及保健品等的管理。卫生部下设的注册与认证部门（L&A）负责新加坡医疗机构的准入和监管，包括建立卫生服务的标准、准则并帮助卫生服务机构达到这些标准，根据《私立医院和医疗诊所法案》（PHMC）、《妊娠终止法案》以及《消毒法案》等对医疗机构实行注册和认证，对医疗行为进行监管等。

1.2 对私立医疗机构的管理

《私立医院和医疗诊所法案》于1980年通过，1993年开始实施，1999年进行了修订。在此法案实施之前，政府直接管理政府医疗机构，对私立医疗机构则不直接管理。之后，新加坡对医院进行了重组，政府不再直接管理医院。[1]

1.3 医院管理体制

新加坡的医疗机构主要分成两大集团：一是新加坡保健服务集团，包括中央医院、竹脚妇幼医院、樟宜医院等新加坡东部的医疗院所；另一个是国立健保集团，包括陈笃生医院、亚历山大医院、国立大学医院等新加坡西部的医疗院所。两大集团采用现代企业化管理模式，设立董事会等管理机构。

新加坡两大集团旗下的医院互相竞争，由于各家医院需自行负担其运营成本，因此刺激医院必须提供优质的服务，如倡导病人教育以减少再住院率、做好绩效管理、院长与投诉者座谈、电话随访出院病人以提高服务质量，就连停车场也是以病人优先使用为原则。到目前为止，两大医疗集团之间的信息还未能共享。

1.4 医疗保健体系的构成与管理

医疗保健体系的构成包含公共、私人和公民三领域；职能分为初级、第二级和第三级、中长期三部分。

初级体系由 18 家政府出资的综合诊疗所和 2 000 多家私人诊所（家庭医生）组成；第二级和第三级体系由 7 家公立医院、6 所公立专科医疗中心和 16 所私立医院组成；中长期体系（相当于我国的养老院、临终关怀等机构）主要由志愿福利团体和私立医疗机构承担。患者可以自由选择各领域的任何医疗保健机构和医疗服务。

公立医疗机构为政府全资拥有，承担政府规定的医疗保健职能，享受政府津贴；私立医疗机构除个别慢性病管理等项目外，不享有政府津贴。公立医疗保健体系拥有医务人员约 4 000 余人，由新加坡卫生部监管，分别交给新加坡保健集团、国立健保集团直接管理，实行董事会管理形式，具有管理的自主权和灵活性。[2]

1.5 公立初级体系的职能定位与业务

18 家综合诊疗所的职能是为国民提供普及的、全面的、持续的医疗及预防服务。开展的业务有门诊医疗（包括慢性和急性病的诊疗护理、妇女保健、儿童保健、健康检查）、应急准备、传染病的监控、基层医疗培训和研究。综合诊疗所的服务策略是以患者为中心，提供适当、综合及价格合理的服务。目标是提升全国的健康保健水平。[2]

第 2 节　关于非营利性医疗机构的基本法规

新加坡没有单独的对非营利性医疗机构的法律法规，在新加坡国立大学的专家建议下，对《新加坡慈善法》中有关“非营利性机构”的规定进行了整理和归纳。

《新加坡慈善法》第三十七章“慈善团体”部分，是对“非营利性机构”的“规程安排”规定如：

第二部分“批准成为非营利性机构（Institutions of a Public Character）”，包括“3. 成为非营利性机构的要求”、“4. 成为非营利性机构的申请”、“5. 成为非营利性机构的延期”、“6. 成为非营利性机构的中止和撤销”及“7. 治理规章（governing instruments）的修正”等内容。

第三部分“筹款、捐赠的使用、机构记录的维护和审计”包括“8. 向捐赠者履行的义务”、“9. 发行减税收据”、“10. 维护捐赠记录的义务”、“11. 捐赠的使用”、“12. 维护财务记录的义务”、“13. 领域管理部门审查记录和任命审计员的权利”、“14. 一百万及以上的筹款诉求”、“15. 筹款费用”等内容。

第四部分“关于报表和信息披露的要求”，规定：“16. 提供文件的义务”、“17. 关于财务报表和审计报表的要求”、“18. 关于年度报告的要求”和“19. 向公众披露信息的义务”。

第五部分“大型非营利性机构”中有“20. 关于大型非营利性机构的附加要求”。

具体法律条文如下：

第一部分　概要

1. 引用和实施：

这些规定援引自2007年的《慈善法》（非营利性机构），必须在2007年3月1日实施。

2. 定义：

在这些规定中，除了场景的特别要求以外：

“申请人”是指申请成为非营利性机构的组织或者基金；

“商业募捐者”是指为了非营利性机构的利益，任何请求或取得金钱或者其他财务的人；

“所得税审计官”是指根据《所得税法》（Cap. 134）下的第三章的第一条的规定任命；

“治理规章（governing instruments）”，对非营利性机构而言，应该包括公司章程和条款或任何涉及该机构目标和管理的法律条例；

领域管理部门（Sector Administrator）：

- 指领域管理部门任命的该部门的申请者或其他特派员，
- 指领域管理部门；

“减税捐赠”是指符合《所得税法》第三十七条规定的捐赠；

“受托人”是指掌握和管理非营利性机构的人。

第二部分 批准成为非营利性机构（Institutions of a Public Character）

3. 成为非营利性机构的要求：

（1）一个机构或组织成为非营利性机构应该遵循以下要求：

（a）（i）在《慈善法》第五部分注册的慈善机构，（ii）不需要按照《慈善法》第五部分第四条注册的免税慈善机构或者其他慈善机构；

（b）其治理规章（governing instruments）由领域管理部门批准；

（c）其活动是造福于新加坡全社会而不是基于种族、信仰、宗教的个体；

（d）其活动满足治理规章（governing instruments）和领域管理部门的要求；

（e）由受托人管理——至少一半是独立的、新加坡籍的公民；

（f）受托人对所受捐赠负责；

（g）审计员由领域管理部门批准；

（h）满足领域管理部门制定的其他要求。

（2）在获得部长或者特派员批准的申请后，（1）（c）或（1）（e）中的条件可以不用满足。

（3）（1）（e）规定的独立的受托人在以下条件下是不独立的：

（a）受托人和任何人或者组织有关联；（b）受托人和任何一个与该机构管理人员有关联；（c）受托人相互之间有关联并且超过申请人数的半数以上。

（4）关于第三条，受托人与任何人或者其他受托人有关联是指受托人是其家庭成员，家庭成员是指子女、兄弟姐妹、父母、配偶、配偶父母、配偶的兄弟姐妹、祖父母或者孙子孙女。

（5）关于第三条，受托人和机构有关联是指：

（a）该机构主管（而不是独立的主管）或者是资深执行者：

（i）机构，

（ii）该机构的控股公司或者子公司；

（b）社会机构官员；

（c）信托公司的受托人；

（d）涉及该机构的管理和控制。

（6）关于（1）（e），如果受托人是一个公司，只要一半以上的主管是新加坡籍，它应该被看做是新加坡公民。

4. 成为非营利性机构的申请：

（1）一个机构提交含有领域管理部门需要的信息的申请表，可以申请成为非营利性机构。

（2）（a）和第一条要求相符合的申请表；（b）满足第三条的规定，并得到领域管理部门批准。

（3）第二条批准的申请不得超过两年。

5. 成为非营利性机构的延期：

（1）一个机构或者组织提交含有领域管理部门需要的信息的申请表，可以申请成为非营利性机构。

（2）这个申请表应该：（a）在批准过期两个月之前上交；（b）领域管理部门规定的具体时间。

（3）在收到申请表之后，领域管理部门做出判断，并批准非营利机构的有效期不得超过五年。

（4）在决定是否批准非营利性机构时，领域管理部门应该把以下因素考虑在内：（a）非营利机构是否一致符合这些规定；（b）在其批准期内，所受到免税捐赠的价值总量；（c）在其批准期内，非营利性机构的活动量；（d）非营利性机构是否现在或者曾经管理不当、行为不当、未能胜任或者疏忽过失；（e）非营利性机构的审计报告是否合格，是否采取恰当的措施解决问题；（f）领域管理部门制定的新要求是否得到满足。

6. 成为非营利性机构的中止和撤销：

（1）如果出现下述情况，领域管理部门可以撤销非营利机构申请的批准：（a）非营利性机构停止运转；（b）非营利性机构不再以服务于新加坡的群体为目标。

（2）如果出现下述情况，领域管理部门可以撤销和中止非营利机构申请的批准：（a）在其批准期内，非营利性机构未能履行这些规定；（b）在其批准期内，非营利性机构未能履行条例 3 明细的要求；（c）非营利性机构是否现在或者曾经管理不当、行为不当、未能胜任、或者疏忽过失；（d）出于公众利益，这种行为是必须的或者是人们需要的。

（3）在以下条款下，非营利性机构的申请会被中止或废除：（a）任何给非营利性机构的捐赠不能获得减税捐赠的资格；（b）在其申请被中止或撤销后，非营利性机构不能对其获得任何捐赠发行减税收据；（c）领域管理部门应该就此中止和撤销告知公众，并将上述（a）和（b）详细规定的细节一并告知；（d）在其申请被中止或撤销后，在领域管理部门向公众通知其中止或撤销之前，任何给非营利性机构的捐赠，在捐赠者的要求下，应该原数归还给捐赠者。

7. 治理规章（governing instruments）的修正：

（1）除非得到领域管理部门的批准，非营利性机构不能随意更改机构的治理规章。

（2）如果想要修改其治理规章，非营利性机构必须在修改之日三十天内向领域管理部门提交修改的副本。

第三部分　筹款、捐赠的使用，机构记录的维护和审计

8. 向捐赠者履行的义务：

（1）非营利性机构筹集资金时，应该确保：

（a）向捐赠者或公众提供的信息必须是准确无误的，不能是误导性的和错误的；

（b）从捐赠之日起，以下信息应该保密：（i）受捐赠的非营利性机构的名字，（ii）捐赠的用途，（iii）商业募捐者是否介入其中；

（c）关于捐赠者的信息必须保密，未经捐赠人的许可，任何与之相关的信息都不得向任何人透露；

（d）征集捐赠的安排必须具有充分的管理措施和保障措施，确保正确记录账目和防止捐赠的丢失、被盗；

（2）当商业募捐者介入非营利性机构筹集资金中：

（a）商业募捐者所筹集的资金应直接全数上交给非营利性机构；

（b）非营利机构应该单独支付涉及商业募捐者的支出；

（c）商业募捐者不得扣除因其获得捐赠的任何支付或花费。

9. 发行减税收据

（1）领域管理部门可以授权非营利性机构就其所收捐赠发行减税收据。

（2）在非营利性机构被授权发行减税收据后，基于减税捐赠，向捐赠者提供减税收据。

（3）按领域管理部门要求，减税收据应是以下格式：

（a）包含以下条款：

“捐赠是减税的。对个人捐赠者而言，收据由其保留。如果你能给出全国康健情报中心（NRIC）编号和全国身份证（FIN）号，那你在纳税申报表中不需要索要减免了，减免会自动添加到你的税收评估中，对其他捐赠者而言，请将收据上交给所得税审计官。”

（b）在需要时，标明领域管理部门的名字；

（c）编号；

（d）由公益性机构的财务主管或者理事会委托的任何人签字。

（4）除非得到审计署的要求和规定，非营利性机构不得发行减税收据。

（5）按审计署的要求，非营利性机构可以发布电子减税收据。

（6）如果非营利性机构变更名称，在其变更之日起，所有的减税收据必须使用新名称。

（7）在以下条件下，任何非营利性机构都不得发行减税收据：

（a）未被批准成为非营利性机构；

（b）成为非营利性机构的申请被中止或取消。

（8）在非营利性机构未被批准发行减税收据时，领域管理部门代其发行。

10. 维护捐赠记录的义务

（1）每一个根据上述9（1）获得批准的非营利性机构发行减税收据，或根据上述9（8），领域管理部门发行减税收据，必须记录收到的每一份减税捐赠的详细情况。

（2）这个记录必须包含以下内容：

（a）收据编号；

（b）捐赠者的姓名；

（c）捐赠者的身份证号或者企业注册号；

（d）收到捐赠的日期；

（e）收到捐赠的类型；

（f）收到捐赠的价值；

（g）捐赠的条件或者条款。

（3）自收到捐赠评定之日起，这些记录必须保留五年之上。

11. 捐赠的使用

（1）非营利机构捐赠的使用必须按照这些条例使用。

（2）如果捐赠者在捐赠时表述其意图，那么所有捐赠的使用必须根据捐赠者的意图使用。

（3）如果这些意图没有被详细陈述，那么捐赠必须根据在征集捐赠时向捐赠者表达的目的使用。

（4）如果这些意图和目的都没有被详细陈述，那么捐赠的使用必须根据以下的规定使用：

（a）减税捐款：捐赠必须用来资助非营利性机构开展造福于新加坡全社会而不是仅所在领域的活动，并且符合理事部门和领域管理部门的要求；

（b）非减税捐赠：捐赠必须用来资助非营利性机构开展符合理事部门和领域管理部门要求的活动。

（5）如果上述目的没被明确陈述，而且捐赠不是减税的，那么非营利性机构在使用捐赠时必须满足治理规章和领域管理部门的要求。

（6）非硬性机构可以在符合法律规定的范围内，将捐赠用于投资，而这投资不一定会立刻得到收益。

（7）如果捐赠不能被使用，那么非营利机构必须退还或者在慈善总监或领域管理者的批准下使用。

（8）非营利机构退还捐赠后，必须立即向审计署提交报告。

12. 维护财务记录的义务

（1）非营利性机构应该维护财务记录，其包括以下的内容：

（a）所有收到的和使用的捐赠；

(b) 所有收入和支出的细节；

(c) 捐赠的价值总量和机构指定目标之间的满足度；

(d) 非营利性机构被批准筹集减税捐赠后的周期。

(2) 如果非营利性机构必须在规定时间筹集规定量的资金，那么信托人必须单独记录一份关于所收钱财作为资金的记录，并且符合这些规定要求的时间和价值量。

(3) 在财政年结束最小五年为周期，非营利性机构必须维护财政记录。

13. 领域管理部门审查记录和任命审计员的权利

(1) 领域管理部门：

(a) 必须能随时免费查看它所批准的公益性机构的捐赠记录和账目记录；

(b) 能免费审查、复制和摘要这些记录。

(2) 领域管理部门可以任命任何人作为审计员和检查其批准的公益性机构的管理情况。

14. 一百万及以上的筹款诉求

在从任何机构获得不少于一百万的捐赠后，非营利性机构应该：

(1) 就申请的筹资创建单独的财务记录。

(2) 在财政年结束时，在其网站上公布，如果其没有自己的网站，在领域管理部门的网站上公布：

(a) 所有获得捐赠；

(b) 在筹集资金过程中的花费；

(c) 资金筹集的目的。

15. 筹款费用（Fund-raising expenses）

(1) 每一个财政年内，所有用来筹集资金的花费不得超过该年所获全部捐赠的 30%，如下式所示：

$$[(E+S)/(R+S)] \times 100\% \times 30\%$$

在这里：——E 是指财政年用于捐赠的花费总数，包括直接和间接实体消耗以及支付给商业募捐者的费用；

——R 是指财政年内所获得的所有捐赠；

——S 是指财政年内所有赞助物品和服务的价值或费用。

（2）上述中的计算必须符合领域管理部门要求的条件。

第四部分　关于报表和信息披露的要求

16. 提供文件的义务

（1）在财政年度终结的六个月内，所有的非营利性机构必须向所在部门的管理者上交以下文件：

（a）经审计的财务报表；

（b）审计员关于财务报表的报告；

（c）审计员关于捐赠款使用情况以及使用是否和该机构目标一致的报告；

（d）下个财政年度筹集资金的计划；

（e）年度报告。

（2）能发行减税收据的非营利性机构必须：

（a）在每年二月最后一天之前，按照领域管理部门的格式要求，向领域管理部门提交年度报告；

（b）在每年一月最后一天之前向审计署上交减税捐赠的详细信息。

（3）在每年二月最后一天之前，按照领域管理部门的格式要求未被批准发行减税收据的非营利性机构向领域管理部门提交年度财务报告表。

17. 关于财务报表和审计报表的要求

（1）非营利机构应该公布其财务报告：

（a）财务报告所涉及的所收减税捐赠的全部数额；

（b）和任一方的交易记录。

（2）非营利机构应该提交其财务信息，让领域管理部门批准的审计员审计。

（3）非营利性机构应该确保其财政年在六月一日开始，并且审计员在每一个财政年都必须审计该机构是否符合规定。

（4）非营利机构可以向领域管理部门申请更换审计员。

（5）上述（4）中的申请必须得到领域管理部门的批准。

（6）非营利性机构应该至少五年一个周期更换审计员，可以是来自同一个审计局的其他审计员。

（7）如果非营利性机构未能履行上述（6）中的要求，审计员须对其财务报告做出鉴定。

18. 关于年度报告的要求

非营利性机构必须公布其年度报告及关于管理和避免利益分歧的政策。

19. 向公众披露信息的义务

按领域管理部门的要求，非营利性机构应该就其活动和财务信息向公众披露：

（a）按领域管理部门的格式要求；

（b）按要求，将信息发布在网站上。

第五部分　大型非营利性机构

20. 对大型非营利机构的附加要求

（1）大型非营利性机构应该确保其财政年在六月一日开始，而且，每一个财政年，其财务报告必须和公司信息披露及管理委员会要求的财务报告准则相符合。

（2）大型非营利性机构必须有至少十名受托人。

（3）如果大型非营利性机构受托人不到十名，它应该：

（a）立刻将其通知领域管理部门；

（b）在六个月之内，或者在领域管理部门批准的时间段内，增加受托人的数量到十人。

（4）领域管理部门特派员可以批准非营利性机构不遵循上述（2）和（3）的要求。

（5）非营利性机构应该确保将年度财务报告和审计报告：（a）发布于网上；（b）可以发布在机构自己的网站上，也可以是所在领域的管理者批准的网站上。

（6）在这则条例中，大型非营利机构是指两个连着的财政年中每一个年度收入不少于一千万的非营利机构。

（7）关于上述（6）中的要求，总年度收入应该包括所有的收入、补助金、捐赠、赞助和其他类型的收入。

第3节　医疗机构的法人治理形式、内部组织结构及其构成

3.1　新加坡医疗机构的治理形式

医院管理体制由董事会委派行政总监全权负责，行政总监一般由非医务人员的企业管理专家担任，下设医药委员会、医院筹划委员会，分别由临床主管和行政主管负责，即分别负责医疗业务和行政后勤事务。政府在具体运营和管理上赋予了集团很大的自主权，同时要求集团自负盈亏，但也不能以盈利为目的，超过一定标准的盈利要上交给政府，保证集团运用有限的政府投入承担国民保健的任务。

新加坡公立医疗机构虽然由政府全资拥有，经营方式却像私人企业，有管理的自主权和灵活性，能及时应对病患的需要，兼顾公益性与效益性。

3.2　公立医院“重组计划”

政府在1985年对公立医院实行了“重组计划”，将卫生部直属公立医院转为由私人有限公司管理，卫生部派人员参加公司董事会，原股权归国家卫生保健局。在公司化条件下，医院的自主权扩大，并设置比较完备的公司治理结构，医院的社会责任与经营责任由公司董事会负责，经理对董事会负责。

新加坡政府下放医院管理自主权给私人有限公司后，医院董事会由政府的指定人员和其所有下属公司主席组成。董事会主要职责包括按卫生部的政策制定医院发展的规划、方针、政策；审批收费标准和大型设备；基建项目的经费使用；委任医院总监（院长）全面管理医院等。医院总监就医院的运行状况定期向董事会汇报，医院拥有对员工定职晋级、加薪、辞退、财务收支、医疗业务和行政管理等自主管理权。

新加坡重组后的医院有以下特点：一是公立医院的全部股权由国家卫

生保健管理局拥有，政府只是医院的股东，对医院只拥有产权，管理权下放给医院；二是重组后的医院有充分的自主权，有权雇佣自己的员工，安排自己的薪酬和决定资源的配置；三是重组医院一如既往地向接受津贴的病人提供服务，并接受政府的补助金或津贴以补偿其运行损失，社会功能没有变化（重组医院与其他私立医院的区别在于其每年接受政府的补助金或津贴为病人提供受到补助的医疗服务）；四是在运行过程中引入商业会计系统，能精确地提供运行成本，落实财务责任；五是医院的市场参与程度提高，能够从非预算来源筹集40%的收入；六是改组后的医院尽管所有权仍属于政府，但是按照私营企业的方式运行，医院有管理的自主权，能根据患者的需求及时做出反应，管理效率极大提高。[3]

3.3 综合诊疗所的企业化管理

新加坡保健集团综合诊疗所认为有效的企业治理是管理良好的组织的重要组成部分之一，它奠定了一个组织对内和对外跨行业运作的基础。所以尽管综合诊疗所是政府全资拥有的公立医疗机构，但是政府对其进行的是企业化的管理。

3.3.1 最高管理机构是董事会

新加坡综合诊疗所的最高管理机构是董事会。董事会由16位非执行董事组成。董事会与管理层共同决策和任命综合诊疗所的领导并设定战略目标、建立稳妥而有效的控制框架、审查管理绩效、制定综合诊疗所的价值和标准。新加坡保健集团主席、新加坡保健集团首席执行官和新加坡保健集团综合诊疗所总监都是不同的个体，以确保适当的权利平衡，实行问责制，保证开放性和透明度，并加强董事会独立决策的能力。董事会成员都会定期同时也在董事会会议召开之前获得完整、充分和及时的信息。董事会成员在各自的行业里都是资深人士，有丰富经验和专业知识，这有助于新加坡保健集团的成功。成立一个以风险管理委员会主席和其他5名非执行董事为成员的风险管理委员会，随时向董事会提出有关解决和管理已确定风险领域的建议。

3.3.2 综合诊疗所的组织管理架构

保健集团和国立健保集团各管辖9家综合诊疗所。保健集团设有一个综合诊疗所总部，为全权管理机构，由60余人组成，除首席执行官1人外，下设品质管理部、临床及企业服务部、护理部、药剂部、财务部、人力资源部、医生教育与研究部等。主要职能是支持和监管综合诊疗所、监测与跟踪诊疗所服务的数量与质量、策划和分配资源、政策的实施和程序。每家综合诊疗所设诊疗所署长、副署长、诊疗所经理、护士经理、药剂经理等岗位，医生由诊疗所署长直接管理。每家综合诊疗所医务人员的配置约为80~100人，医生均接受过全科医学培训并立志于以家庭医生为职业。

3.3.3　问责制与审计组成

由审计委员会主席和其他2名非执行董事组成审计委员会。对审计委员会授有书面职权范围。明确规定其权利和职责。该委员会的职责包括：审查审计的范围与结论，以及其成本效益；审查外部审计师的独立性和客观性；审查重大的财务报告问题和判断；审查内部控制是否充足。企业集团内部审计职能由企业集团内部审计主任负责，他直接向审计委员会主席汇报。由财政预算及投资委员会主席和其他两名非执行董事成立财政预算及投资委员会，协助董事会处理有关预算和投资方面的事项，并审查法规的遵守及相对于目标的绩效。

3.3.4　薪酬

成立一个由员工委员会主席，并有其他3名非执行董事为成员的员工委员会，以确保有正式并透明的程序来拟定招聘及酬赏管理人员的政策。薪酬必须恰当，以吸引、挽留和激励所需的署长们成功地经营公司。年度报表中清楚写明公司的薪酬政策、薪酬水平和结构以及薪酬设置的程序。

新加坡卫生部对社区卫生通过以上的资助方式和管理模式，将国家对医疗卫生有限的投入发挥了巨大的作用。据统计，新加坡政府对医疗健康领域的投入占GDP的3.9%，但达到了人人皆能享有医疗保健的目的。[2]

3.3.5　业务

综合诊疗所总部属独立法人机构，对综合诊疗所实行集中管理。药品集中招标采购，统一配送，国家基本用药目录的药品由国家给予津贴。药品不实行零差价销售，药品利润的最大化是由集团统一采购时，以较大的批量从商家获得较低的采购价格的差价而取得。

每家诊疗所每天接诊500~700例，每例就诊患者收取9新币的诊查费。诊所的放射检查、B超检查由第三级医院派驻医务人员承担，收入划归三级医院所有。允许科室对外承包，如口腔科、精神科、康复理疗科等实行对外承包，承包所得作为诊所的维修基金等。综合诊疗所除急救病例外，不开展输液、注射等治疗项目。对于诊所内不能处理的病例，医生可为其开具转诊介绍信，将其上转到上级医院，并可以享受到较多的政府津贴。不通过转诊的患者需要自付较多的费用。但转诊预约的时间较长，慢性病大多需要等候3~6个月。新加坡更强调“健康是自己的事情，个人要对自己的健康负责”的理念。综合诊疗所不提供上门医疗服务，不入户建立健康档案，不要求全民建立健康档案。政府提供津贴的健康检查项目主要有妇女宫颈涂片、乳房x线检查和直肠癌的检查。健康咨询和指导主要是针对在诊所内部就诊的患者，工作大多由护士承担。其他健康宣教任务主要由新加坡健康保健局承担。产后访视只针对有需求的产妇，并且不入户访视，正常产产后6周到诊所接受检查，剖腹产产后2~4周到诊所接受检查。

诊疗所的人员配置为80~100人，比我国一般的社区卫生服务中心多，且护士和其他工作人员的比例较大，医生仅有10~20人。非新加坡公民在综合诊疗所就诊不享受政府的相关优惠政策。综合诊疗所的另一个职能是提供培训与教育，包括医生的职业教育和培训、民众的保健教育（如心肺复苏课程）等。此外，还开展很多研究工作，如家庭医学研究、基层医学研究等。[2]

第4节 医务人员从业及收入

在新加坡做工，想离开工作单位，可提前1~2月递交辞职书；工作单位无意继续聘用也是提前1~2月通知。这样，双方的利益都不会受到太大的损害。[6]新加坡没有种族歧视，只要取得执业医师资格，就可以行医。有色人种可以从事临床工作，白种人也乐意接受其医疗服务。新加坡的执业医师来自印度、马来西亚、越南、菲律宾、孟加拉国、德国、法国、加拿大、中国等许多国家和地区。外国医生在新加坡进修，卫生部会授予他临时行医证；如果考取了长期行医证，就可长期在新加坡行医。只要是在规定的医院里行医，就可以接待病人、参加手术。外籍员工可享受与本国员工相似的待遇。只要有在欧美进修、学习的经历，任何国籍的医生在新加坡都有晋升的机会。[5]

新加坡医生的收入很高，除了基本工资，还有其他收入，如值班、手术、查房、会诊等，所有医疗行为都有报酬。此外，还有不定期金、年终金等。医生的资历越高，报酬越高。在临床研究员（Clinical Fellow）与副主任医师（Consultant）之间，基本工资就会有10倍以上的差距。[5]

第5节　新加坡医疗服务监管体制

新加坡医疗服务监管体制是一个多层次体系，由新加坡卫生部、部内设立的法定委员会和中央公积金局等机构组成。[6]

5.1　新加坡卫生部

新加坡卫生部作为主管医疗服务的政府部门，负责制定新加坡医疗服务监管的总体政策，对所有机构，如医院、疗养院、临床实验室、普通诊所和牙科诊所等进行注册审批和监管，同时也就医疗服务监管机构的表现对议会负责。

该部内设的医疗监管司是负责上述职能的主要机构，其职责是对医疗机构、中医执业行为和生物医科研等进行监管，提高医疗标准和安全性。其中内设许可和认证处，负责对医院、诊所、牙科诊所、临床实验室、护理/母婴护理院等机构的注册和认证；生物医学科研监管处，负责对生物医学研究进行监管；临床保证和审计处，负责对医疗机构的临床表现进行审查，组织对临床治疗的审计；传统和辅助医疗处，负责对中医和其他辅助医疗服务进行监管。

新加坡卫生部内设两大法定委员会，包括负责国民健康促进和疾病预防的新加坡卫生促进委员会与负责卫生产品监管的新加坡卫生科学局，以及5个职业委员会，即对医疗职业实施监管的新加坡医师理事会、新加坡护士委员会、新加坡牙医委员会、新加坡药师委员会和新加坡中医师管理委员会，承担对医师、护士、牙医、药师和中医师的职业注册管理和监管。[6]

5.2 新加坡中央公积金局

新加坡人力资源部内设的新加坡中央公积金局，是主管保健储蓄、健保双全和保健基金以及乐龄健保计划的行政部门，是会同卫生部执行医疗服务筹资政策的重要机构。[6]

5.3 医疗执业监管

新加坡卫生部内设了5个负责医疗执业注册的法定委员会——新加坡（西）医师理事会、新加坡牙医理事会、新加坡护士理事会、新加坡药师理事会和新加坡中医师管理委员会，负责西医执业、牙医、护士/助产士、药师和中医执业者的注册管理。以下主要对西医师和中医师两类医疗执业的监管进行介绍。[6]

5.3.1 西医执业

新加坡的医师管理机构是新加坡卫生部及其内设的新加坡医师理事会。医师理事会负责对医师执业者进行注册、发放营业执照，执行强制性的医师继续教育课程，对已经获得注册的医师执业者的专业行为和伦理进行制约和监管。该理事会还有权对新加坡医学学位的课程和考试做出建议。

新加坡医师理事会对医师注册的类型（不包括专科医师注册）有四种：完全注册、临时注册、有条件注册、暂时性注册。（1）获得完全注册的医师可以在新加坡任何地方执业。（2）获得临时注册的医师，可以在医师理事会认证的培训计划或者项目下，被指派担任不超过2年期限的临床助手或者临床观察医师。（3）获得有条件注册的医师，在指定的医疗机构执业，并接受已经注册的执业医师的监督。（4）获得暂时注册的医师，在一家或多家医院从事12个月的住院医生。上述注册的条件由《新加坡医师注册法》附件规定。

医师注册的申请书需要由新加坡本地的雇主提交。符合医师注册条件并不意味着可以自动获得注册许可，每一份注册许可都要逐案审查，根据其条件决定。医师理事会在审查医师注册申请书时，需要确定医师是善意的、在过去执业地并未受到投诉或者正在接受不利调查。在获得医师注册之后，医师还需要申请获得执业许可方可开始执业。[6]

5.3.2 中医执业

新加坡卫生部自2000年起设立“新加坡中医师管理委员会”，负责对中医药管理法规、政策的制定，中医、针灸师的考试、注册管理，注册者的行为道德监管、推荐延伸教育与培训及法令授权的其他监管事项。自2001年《新加坡中医师注册法》颁布后，该委员会对现有中医、针灸师采取“老人老办法、新人新办法”的政策，进行了过渡时期的考试注册。对行医10年以上，又获得系统中医课程培训者免予考试；对行医10年以下者，进行部分考试通过即可注册；而对行医5年以下或新进入的中医、针灸人员则必须通过资格考试方可注册。[6]

第6节　非营利性医疗机构的筹资来源

6.1　新加坡的医疗服务津贴

新加坡的医疗保健资金由政府、企业与个人三部分组成。政府资助主要通过政府医药津贴实现，政府医药津贴是政府用于公民医疗保健的补贴，由政府直接拨付给两大健保集团。

政府通过设定不同的津贴比例，对公立医院住院病人和公立综合诊疗所的病人进行资助。住院病房分A级、B1级、B2级、C级4个档次，除A级为私人性质的床位，政府不给予津贴外，其他等级都能享受到不同比例的政府津贴，病房级别越低，得到的政府补助就越多。B1级病房的政府津贴为20%，B2级病房的政府津贴最高为50%~65%，C级病房的病人可以享受最高达65%~80%的政府津贴。不同等级病房的条件不一样，如A级病房为1~2张床，C级病房的床位就多于6张床。

同时，政府对公立医院的综合诊所或专科门诊给予津贴，每名患者平均获得50%的医药津贴，18岁以下和65岁以上患者还可享有医药费的半价折扣。[6]门诊病人在这些地方就诊可以享受最高达75%的政府津贴。在私立诊所就诊不享受津贴。

6.2 对公立医疗机构的津贴模式

1992年以前，政府对公立医疗机构的津贴模式是整数拨款，按照预测的病人数，每季度领取固定的整数拨款。如果实际病患数少于预测数，“多余”的补助金就纳入盈利；实际病患数多于预测数，“短缺”必须由其他服务领域所取得的盈利来填补。这种粗略的拨款制度不能激发公立医疗机构多加努力，也不能让其控制成本提高效率。

1992~2005年，政府采取计件式拨款津贴，把运营补助金和诊治病人的数量挂钩，病人的增加就等于补助津贴的增加。医疗机构按照所完成的服务人数领取固定的计件式拨款津贴。但这种模式造成了过度强调病人数量的局面。

2005年之后，新加坡对公立医疗机构采取宏观预算津贴的模式，容许卫生部总部与医疗集团共同分担管理成本和病患量风险责任，让医疗集团能够灵活管理个别预算案，并根据一套商定的结果指标测量绩效。这套结果指标注重监测临床品质以及新加坡人和永久居民是否容易获得更好的医疗保健。现行的津贴模式，意在建立健康必须个人负责和人人负担得起医疗保健的双重理念，使用市场为本的机制来促进医疗集群有绝对的灵活性来管理个别预算。医疗集群可以保留因有效管理成本和病患人数所得的盈余，并且可以吸收因未能有效管理成本和病患量所致的损失。据了解，公立医疗机构运行成本的65%左右来自于政府津贴。

6.3 对公立初级卫生服务体系的津贴

新加坡的公共社区医疗工作由18家综合诊疗所承担，综合诊疗所相当于中国的社区医疗中心。综合诊疗所是为病人提供向保险公司提交索赔证据的受认可机构，享受政府给予的卫生津贴。政府给予的卫生津贴有以下几项：

6.3.1 就诊人次补贴

公民在综合诊疗所看病享受政府津贴，包括诊金补贴、药费补贴、儿童和老年人诊金特殊补贴等。身为永久居民的外国人享有政府津贴的幅度比新加坡公民低。其他外国人不享受政府津贴。

6.3.2 慢性病管理费用补贴

主要包括糖尿病、高血压、高脂血症、卒中、哮喘、慢性阻塞性肺疾病、严重抑郁症和精神分裂症。在综合诊疗所就诊的慢性病患者，可动用个人的保健储蓄、减少门诊账单的现金付费。每保健户头每年可支付的费用上限是 300 新加坡币（新币）。糖尿病、高血压、高脂血症或卒中者，如自己保健储蓄户头没有钱，可动用至亲的保健储蓄来支付治疗费用，限额也是每年 300 新币。

6.3.3 贫穷人和残疾人的补贴

提倡人人都看得起病的理念，对贫穷和残疾人给予方便又负担得起的基本医疗服务。这些医疗包括急性疾病、慢性病中的糖尿病、高血压和高脂血症、基本的牙科医疗。政府给予的津贴：对急性病每次给予诊所 18.5 新币，对慢性病每次给予 60 新币；对疾病严重程度为第一级患者的每年给予津贴总额不超过 240 新币，第二级病患者不超过 360 新币。

6.3.4 消费税津贴

从 1994 年 4 月 1 日起，新加坡广泛施行消费税务，征收进口货物与几乎所有在新加坡的商品和服务。卫生部自 1994 年以来，一直为公立医院和综合诊疗所的所有受津贴患者承担全额的消费税。

6.3.5 医疗用房津贴

卫生部向新加坡土地管理局缴纳综合诊疗所医疗用房的租金。津贴租金只涵盖实际医疗用房的面积，非医疗用房政府不给予津贴。综合诊疗所的非医疗用房允许出租，所收取的租金用来填补其他面积所需支付的费用。

6.3.6 再投资基金

主要用于人员的增加和人员薪金的增加等津贴费用。[2]

6.4 医疗服务筹资政策

新加坡医疗服务筹资体系建立在个人责任基础之上，辅之以政府补贴，以保证基本医疗服务价格的可支付性。这一体系主要由保健储蓄（Medisave）、健保双全（Medishield）和保健基金（Medifund）三部分构成，统称为“3M”框架。[6]

6.4.1 保健储蓄

保健储蓄是一种强制性储蓄计划，覆盖人群涉及85%的新加坡国民，保健储蓄账户的资金由中央公积金局统一管理。根据该计划，通常雇员需要将每个月工资的6.5%～9.0%存入保健储蓄账户，具体比例随雇员年龄而定。凡是到重组医院及任何经保健储蓄认证的私人医院与医药机构接受住院治疗，均可动用保健储蓄。保健储蓄账户可以被用于直接支付个人或者其直系亲属的住院费用，能够用于支付每日病房收费、外科手术费等收费，还可以用于支付洗肾治疗、癌症化疗等价格较高的门诊费用。但是，该账户的支付设有限额，超过限额的，个人需要自掏腰包或者通过购买保险的方法补足。[6] 为了避免储蓄提早用尽，鼓励病人选择与自己经济能力相当的病房等级。[1]

6.4.2 健保双全

健保双全的投保是新加坡公民和永久居民首次缴付公积金时，就自动在健保双全制度下交保，除非他们选择退出。这是一项低廉的重病保险计划，为投保人提供重病及庞大医药费保险，应对重大疾病及长期疾病的庞大医疗费开支。健保双全涵盖住院费用及昂贵的门诊治疗费用，起付线为1 000～1 500新元，起付线以上的费用再由个人自付10%～20%，但可以通过购买私人医药保险支付。健保双全可支付本人及直系亲属全部的住院医药费用及特殊门诊医药费用的自费部分。[1]

6.4.3 保健基金

政府1993年设立的一项保健信托基金，其宗旨是为占新加坡人口10%的贫困病人或保健储蓄和健保双全不足以支付医药费用的重大疾病患者提供基本医疗保障。保健基金每年的利息收入用来支付患者的医药费用。通常每一家经批准的医院与医疗机构都各自设立医院保健基金委员会来考虑和批准申请，并按照推荐准则决定援助数额。患者保健基金的申请一经批准，即可用来支付住院和特殊门诊的医药费用。[6]

随着新加坡社会老龄化程度的加深，新加坡还设立了老龄健保计划（Elder Shield），作为一项人人都能负担得起的严重残疾保险计划，为需要长期医疗护理的国人（尤其是年老者）提供基本财务保障，每月支付400新元生活费（最长期限为72个月）。[1,6]

第7节　公、私立医疗机构的市场份额

新加坡门诊医疗服务中20%由综合诊疗所提供，80%由私人诊所提供；住院医疗80%由两大集团管理的医院和专科中心提供，20%由私立医院提供。[1]

新加坡政府在控制医疗费用方面的经验主要包括：(1) 私营机构在初级保健服务方面的费用较低。(2) 在住院服务方面，政府加强对公立医院的投入，以公立医院作为住院服务的主要提供者，这使政府能控制医院的床位数和利用率，从而控制费用增长。医药价格借助市场机制进行调控，供患者自行选择。私立医院费用相对较高，但也是由患者自愿选择。[6]

参考文献：

[1] 欧阳波，张为佳，张秀英，等. 关于新加坡医疗卫生体制的思考. 中医药管理杂志，2012，20 (8).

[2] 游志红，张民福，陈逸心. 新加坡卫生部对社区卫生的资助框架与管理原则. 中国医院管理，2011，31 (9).

[3] 陆荣强，徐爱军. 国外公立医院治理结构特点及对我国的启示. 卫生经济研究，2009 (11)：24-26.

[4] 宁小荣，兰红霞，张美娟. 新加坡护理管理体系特点与启示. 中华现代护理杂志，2010 (2)：247-248.

[5] 朱兴宝. 新加坡医院管理的特点与思考. 西南军医，2007，9 (2)：103-104.

[6] 苏苗罕，宋华琳. 新加坡医疗服务监管研究. 中国卫生政策研究，2009 (2)：52-57.

第6章
中 国 台 湾

第1节 中国台湾医疗机构概述

中国台湾的医疗机构按其功能和病床数分为四级：一级医院（亦称医学中心），规定病床数在600张以上，且具有医、教、研、学术指导、提供医师进修、提升业务能力等功能；二级医院（实为行政区域医院），负责十数个社区医院疑难病人转诊、会诊、业务指导等，病床须在400张以上；三级医院（大的社区医院），负责数个社区居民健保，病床在150~400张；第四级医疗机构（社区医院及门诊部、诊所）。

按医疗机构的经济性质可分为公立、财团法人及私立三种。

按医疗机构的管理方式可分为：（1）政府管理，享有政府补贴；（2）委托财团法人经营管理（公办民营），无政府补贴；（3）私人经营管理。[1]中国台湾医院现有公立医院80家、财团法人医院91家、私立医院376家。[2]

第2节 “医疗法”对医疗机构类型的界定

中国台湾“医疗法”规定，公立医疗机构是指由政府机关、公营事业机构或公立学校所设立之医疗机构。私立医疗机构是指由医师或依有关法律规定办理医疗业务之公益法人及事业单位所设立之医疗机构。财团法人医疗机构是指以从事医疗业务为目的，由捐助人捐助一定财产，经许可设立为财团法人之医疗机构。

第3节　法律规定非营利性医疗机构的基本权利和义务

对中国台湾地区的医疗机构来说，不论什么所有制结构，它们有一些基本的权利和义务是共同的：（1）设置负责医师；（2）悬挂执照证书；（3）出具相关医疗费用收据；（4）歇业、停业、复业之核备；（5）保证医疗机构安宁整洁；（6）提供必要的防火避难设施；（7）提供报告，接受检查；（8）提供病历摘要以及各种检查报告资料；（9）安排适当医疗场所；（10）接受委托提供医疗服务；（11）在其允许范围内开展医疗服务活动；（12）经过相关卫生机关批准的可以进行相关医疗广告宣传。这些基本权利和义务的规定有效地保证了医疗机构能够正常有序地开展相关医疗服务活动。

同时中国台湾地区的医疗机构在医疗活动中还要遵守以下权利和义务：（1）医疗机构应依其提供服务之性质，具备适当之医疗场所及安全设施。（2）医疗机构应督导所属医事人员，依各该医事专门职业法规规定，执行业务。（3）医院于诊疗时间外，应依其规模及业务需要，指派适当人数之医师值班，以照顾住院及急诊病人。（4）医院、诊所遇有危急病人，应先予适当之急救，并即依其人员及设备能力予以救治或采取必要措施，不得无故拖延。（5）医疗机构，不得以“中央”主管机关公告禁止之不正当方法，招揽病人。医疗机构及其人员，不得利用业务上的机会获取不正当利益。（6）医院应建立医疗品质管理制度，并检讨评估。（7）医疗机构尊重患者的知情同意权，保护患者隐私。（8）医院、诊所规范病人拿药过程。（9）医疗机构应建立清晰、翔实、完整之病历，并为患者提供规定病案服务工作。

中国台湾地区医疗机构个别权利义务关系：（1）公立医院强化运营咨询委员会指导，服务公益事业。公立医院得邀请当地社会人士组成营运咨询委员会，就加强地区医疗服务提供意见并应提拨年度医疗收入扣除费用后余额之10%以上，办理有关研究发展、人才培训、健康教育、医疗救济、社区医疗服务及其他社会服务事项。(2)私立医院鼓励规模化扩大发展，提供必要法律保障。私立医疗机构达“中央”主管机关公告一定规模以上者，应改以医疗法人型态设立。(3)医疗财团法人之设立、组织及管理，依“医疗法”之规定:“医疗法”未规定者，依“民法”之规定。医疗财团法人之设立，应检具捐助章程、设立策划书及相关文件，申请“中央”主管机关许可。医疗财团法人没有法人成员，其依照捐助章程设立，不得随意变更，仅有执行机关董事会。(4)医疗社团法人，非依医疗法规定，不得设立；其组织、管理、与董事间之权利义务、破产、解散及清算，“医疗法”未规定者，准用“民法”之规定。医疗社团法人有自己的社员或者组织成员，医疗社团法人可以随时改变，较富弹性，有社员总会和执行机关董事会。[3]

第4节 非营利性医疗机构的法人治理形式、内部组织结构及其构成

4.1 公立医院

公立医院大致分为大学附属医院，荣民医院，军方医院，省、市、县立医院及公营机构的附属医院。这些医院都由政府设立，无董事会组织，直接由上级机构监督管理。[4]

4.2 财团法人医院

财团法人医院由宗教团体、企业机构及私立医学院所创办，不以营利为目的，在政府机关登记为财团法人。医院收入不属个人所有，医院收入如有盈余，则再投入于医院，因享有免税条款，较能发展业务。此类医院都设有董事会来监督医院的经营。[5]

财团法人医院的最高监督机构是董事会，其主要职责是监督维持医院的医疗水平，有效地经营医院，巩固医院财政，增加医院固定资产增值，规模逐步扩大等。董事的选择应代表不同的行业或组织，不可偏重某一行

业或组织而失去代表性。中国台湾“医疗法”第31条规定，财团法人医疗机构之董事，以9~15人为限；其中三分之一以上应具目的事业专门知识。外国人充任董事，其人数不得超过总名额的三分之一；董事相互间，有配偶及三亲等以内血亲、姻亲关系者亦同。董事应完全是义务的，绝对不能接受医院的分文报酬，或分享其他任何利益。董事会下一般设有常务委员会、财务委员会、建筑委员会、护理委员会等。

如中国台湾长庚纪念医院采用非营利性财团法人治理结构，董事会下设长庚决策委员会，办事机构为行政中心，下设各组、部、处；长庚纪念医院由院区和医学研究部组成。各院区设有管理部，分管主治医师大会、院务委员会。院务委员会下设有各医务委员会。虽然长庚纪念医院的院区遍布台湾南北，但在医院管理、医院布局、病房病室设计、护士站的设计上均为统一的模式，院区之间的联系很密切，每个院区都有行政中心派驻的人员，长庚纪念医院是一个联系紧密的团队。[6]临床专业科除设有主任、副主任外，还设有一名负责经营管理的秘书，以管理本科的经营运行。[7]

第5节　关于非营利性医疗机构准入、退出的规定

从“医疗法”上来看，中国台湾地区极力主张“医者办医”的理念：私立医疗机构开业必须以医师为申请人，并担任其负责医师。且“须在中央卫生主管机关指定之医院、诊所接受两年以上之医师训练并取得证明文件者，始得为之；专科医院、专科诊所之负责医师，并须具有专科医师资格”。而对财团法人，更是规定了作为权力机构的医院董事会中三分之一以上的董事应具备“目的事业专门知识”。[8]

中国台湾“医疗法”第35条规定，财团法人医疗机构财产及基金之管理使用，应受中央卫生主管机关之监督，非经核准，不得对不动产进行处分、出租、设定负担或变更用途。[7]

第6节 非营利性医疗机构的人员聘用

就经营形态而言，中国台湾医院仍以封闭式的医务制度（Close Staff System）为主，也就是医院聘用专任医师从事医疗工作，不同意院外开业医师使用院内设备。医院的门诊量很大，住院病患的来源大多为本院的门急诊病患，只有少数的转介病患。医院与医师关系不仅是雇佣关系，也近于合伙人之关系[4]

第7节 政府对医疗机构的规划管制

中国台湾“医疗法”规定：(1) 为促进医疗资源均衡发展，统筹规划现有公私立医疗机构及人力合理分布，应划分医疗区域，建立分级医疗制度，订定医疗网实施计划。(2) 对医疗资源缺乏区域，奖励民间设立医疗机构；必要时设立公立医疗机构。对于医疗设施过剩区域，卫生主管机关需限制医院之设立或扩充。一定规模以上大型医院之设立或扩充，应层报“中央”卫生主管机关核准。(3) 防止医疗滥用，避免医疗费用高涨，医疗机构购置及使用昂贵或具有危险性医疗仪器，“中央”卫生主管机关应进行必要之审查及评估。

第8节 对非营利性医疗机构实施监管的主要内容、方式及负责监管的部门

8.1 医院评鉴与医疗品质策进会

中国台湾的医疗质量监管主要委托民间机构——医院评鉴与医疗品质

策进会（以下简称“医策会”）办理。由于医策会为典型的非营利组织，即相对于卫生行政部门与医院的第三方，因此中国台湾医疗质量监管被认为是典型的“第三方”监管。

医策会于1999年成立，是由行政院卫生署联合岛内相关医疗团体共同成立的财团法人机构。董事会成员包括卫生署、医院协会、私立医疗院所协会、医师公会“全国”联合会、学者专家及消费者代表等。董事会设董事长一名，聘执行长一人及副执行长若干人；董事会外设监察人制度。医策会设医院评鉴组、品质促进组、一般医学组、研究发展组、行政管理组5个工作小组，同时还设有专案小组作为决策咨询机构。

医策会的宗旨和职能主要包括三个方面：一是受卫生署授权负责医院评鉴；二是推进医院的医疗质量管理；三是开展医务人员的培训。其具体业务范围如下：（1）接受行政院卫生署委托办理医疗机构评鉴相关业务的研究、规划及执行；（2）协助办理医疗质量评估及认证工作；（3）建立医疗质量数据库，制定综合性的医疗质量指导方针；（4）举办教育培训活动；（5）协助医疗机构的经营管理；（6）制作、出版与医疗质量相关的书籍、刊物或倡导资料；（7）其他促进医疗质量的相关工作。根据中国台湾地区“医疗法”第121条的规定，医策会开展医院评鉴活动可收取评鉴费。

在中国台湾，影响医院经营方向的两个最大政策即健保制度及医院评鉴制度。医策会受卫生署委托对医院开展评鉴，对医院管理尤其是医疗品质起到很大促进作用。台湾医院评鉴制度具有两个显著特点：一是健保制度的给付比例与医院评鉴结果挂钩；二是实行定时评鉴（3年1次），不定时追踪辅导（每年1次）的动态管理机制。在这种情况下，评鉴制度对医疗机构发展有绝对影响力。医院评鉴制度的实施不论是对医疗质量提升，还是对患者权益保护，其正面意义与成效都是显著的。[8]

8.2 中国台湾卫生保健指标系统

中国台湾卫生保健指标系统（THIS，Taiwan Health care Indicator Series）于2001年正式实施，医院可以自主选择是否使用THIS，并根据实际情况选择合适指标。使用THIS的医院每个月需要向台湾医务管理学会报告各项数据。学会负责对总体和分组数据进行统计分析，分组依据是医院所有制形式和评估等级等。数据经过处理后将反馈给医院，结果仅供医院日常管理之参考。

使用 THIS 的医院每年需要向学会支付一定费用，根据评估等级不同支付 300~2 000 美元不等，费用完全在医院承受能力之内。学会每年举办学术讨论会和小组会议，借此帮助各医院通过使用 THIS 来提高医疗质量。在医院年会上，学会鼓励会员医院展示其运用该系统后的效果，并进行医院间横向比较。[9]

第 9 节　不同所有制医院的主要筹资来源

在中国台湾的医疗法规中，非财团/公益法人或医师不得投资与兴建医院。中国台湾“医疗法”禁止依公司法组织所成立的营利性机构申请设立医院，因此，在理论上，中国台湾无营利性医院。

在中国台湾现有的 15 家医学中心（台大、成大、荣总医学中心等），由政府拨给部分经费；而财团法人附设医院的背后则由“财团”支持，如王永庆的长庚医学中心、慈济医学中心等。一般而言，非营利性医疗机构有不能分配盈余的限制，法令上也常限制决策者的最高薪水。

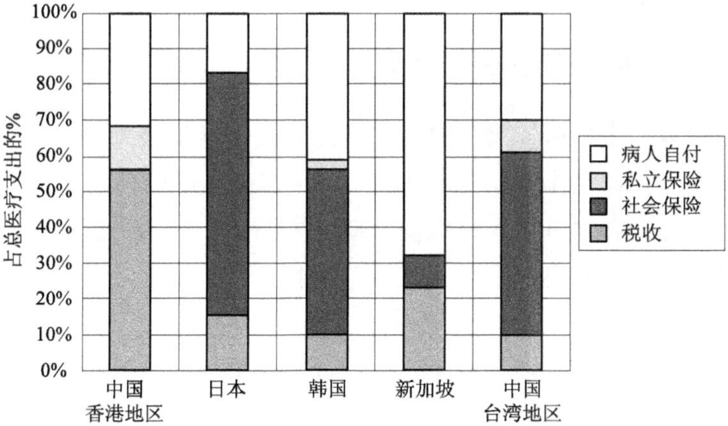

图 6-1　2003 年日本和亚洲“四小龙”医疗筹资组合

（数据来自 2005 年世界卫生报告）

台湾的公立医院包括市（县）立医院、公立医学院附设医院、军方医院、荣民医院等，以“政府”的营运基金来经营。20世纪90年代以来，“政府”公务预算对公立医院更新建筑及人事费用的补贴逐步减少，公立医疗机构的财务压力大大增加。

第10节　中国台湾的医院管理改革

中国台湾主要通过卫生法规对医院进行管理，并制定大量的办法和标准，如医疗机构、护理机构、医学放射所、医学检验所均有设置标准，对医疗机构设置及使用昂贵或具有危险性医疗仪器有审查及评估办法，医院紧急灾害应变措施及检查办法，医疗院所办理转诊行为的须知等。同时，通过建立医疗网计划、总额预算支付方法、门诊合理量的制定等多种宏观控制措施来降低医疗费用，合理配置卫生资源。

中国台湾医药卫生界在制定中长期卫生发展目标的同时提出“诊断组织能力，重新整合资源，全面提升医疗卫生保健体系的效能和效率”的行政改革计划，概括为“理念再造、组织再造、法制再造”。同时还进行了医疗质量管理改革，包括医疗服务品质、医疗安全品质、医疗照护品质，加强了医院评鉴管理、医药分开管理等。[10]

10.1　公立医院多元化经营计划

中国台湾“卫生署”采用整并、委托经营、行政法人化等手段，进行公立医院多元化经营计划。具体包括一县一市公立医院计划（台北、高雄两直辖市除外，高雄市立联合医院2003年1月成立，台北县立医院2004年7月成立）、荣民医院体系、署立医院体系、军方医院体系、政府委托经营医院。

非台湾“卫生署”所属的医院也通过整合来提高竞争能力，如台大体系、长庚体系、慈济体系、马偕体系、国泰体系、北医体系、联新体系等。

10.2 公立医院的“国有”民营化

为了实现减轻“政府”财政负担、改善现行“国有”医院僵化的组织结构、降低营运成本、改善卫生资源浪费情形、提高医院经营管理的效率以及摆脱经营困境的政策目标，中国台湾地区实行了公立医院的“国有”民营化。

“国有”民营化的内容为：医院的所有权仍归属“国家”所有，而经营权以委托、出租或成立医事财团法人机构的方式交给民间医疗机构经营。其经营管理制度采用民间现代化管理方法来提高医院运营效率，发展医疗事业。

在医院托管经营中，医院管理公司依法享有托管医院财产占有权和使用权，同时托管医院一般采取委派监事的方式来监督医院管理公司的经营情况；医院管理公司对托管医院进行有形和无形的资产投入，受托人依法享有投入资产的所有权和收益权。采取此方式需要双方制定一套具体委托经营协议书和目标考核办法，在实现资产保值增值的前提下，医院管理公司与受托方实行利润分成。在2003年，中国台湾地区6家“国有”民营医院中有5家采用托管模式进行经营管理。[11]

中国台湾的公办民营医院始于1996年实施全民健康保险后，具体形式有两种：OT（Operate，Transfer）即医院由“政府”建好后转交给民间经营和BOT（Build，Operate，Transfer）即“政府”将土地租给民间，建成医院后转交给民间经营。例如，万芳医院属于OT，即台北市政府提供万芳医学中心土地、建筑物及水电等既有基本设施，由台北医学大学经营。按照规定，万芳医院无自由定价权，须按照台北市立医院的收费标准进行收费，并承担起市立医院应当承担的公共卫生责任和社会责任，从第六年起每年按总收入的1%上缴市政府作为回馈，市政府定期对医院进行检查和评监。[12]

10.3 台北市的公立医院改革

10.3.1 积极推动市立医院组织与功能再造，朝可持续性经营方向发展

成立“市立医院研究发展中心”，专司规划市立医院未来短、中、长期的发展策略，以更有效益的方式推动各项私立医疗院不甚热衷的服务项

目，如发展长期照护、癌症临床试验、早期疗育、老年医学、精神医学等业务。

10.3.2　加强并扩大市立医院扮演的健康照护角色

具体措施包括：（1）减低居民就医的经济负担：市立医院以低于一般财团法人及私人医院收费标准服务市民，如挂号费为50台币，其他医院为100~150台币，对身心障碍人士、低收入户、原住民及本市65岁以上独居老人免收挂号费等，以保障居民的基本医疗服务；（2）照顾弱势团体健康；（3）推动公共卫生服务与社区卫生服务；（4）配合重大医疗卫生政策，优先在市立医院实施，如“准爸爸陪产制度”、“妇女亲善门诊”、“拒嚼槟榔及口腔保健”及“心肺复苏术训练”等；（5）与社区结合，跨单位办理重大灾难演习；（6）支援医疗资源缺乏地区。

10.3.3　降低医疗服务成本、提升营运效益

改革内容包括：（1）推动“不同工不同酬”奖金制度，缩减各市立医院相同科别奖金差距，以激励员工士气，提升营运绩效及服务品质与效益。（2）制定实施“政府补助款”分配原则。促使医院积极改善营运，配合公共卫生服务，开展预防保健，从事教学研究。（3）推动市立医院特色发展与院际联盟。各院间共享医疗资源，避免重复投资。（4）试行半开放医疗制度。市立医院可以适应市场需求及医院发展需要聘请合约医师，从事门诊、住院业务，并提供院内医疗仪器与设备供其使用，使仪器设备发挥最大效益，并促进医院社区化，有利于建立最适合居民的医疗服务体系。（5）提升医疗与服务品质。建立市立医院医疗品质评估指标，简化临床就诊，避免不必要的医疗检查，建立医疗品质审查制度，成立用药评估分析小组，评估药物使用情况，落实用药指标监测，并对用药异常方案进行讨论分析。

第11节　公、私立医疗机构的规模、主要功能、服务能力的一些基础数据

在中国台湾，私立医疗机构以营利为主，规模较小，往往一个医生配

备一个护士便可运营开业。主要提供家庭、社区保健和技术要求较低的专科治疗；公立医疗机构相对侧重于提供公共卫生服务，如防疫和突发卫生事件的处理；财团法人医疗机构基本上都是大型综合医院，提供全面的公益性的健康、预防、治疗服务。可见三类医疗机构的社会使命亦具差异性。[13]

现在中国台湾80%的份额为民营医院占据，公立医院仅占20%。[14]租税优惠所产生的成本优势，促成法人医院的快速成长；小型私立医院逐渐退出市场。在1980~2000年内个人医师所拥有的私立医院减少204家，占1980年私立医院家数的30%。表6-1显示了中国台湾医院病床数的权属别结构的历史演变。

表6-1　　中国台湾医院病床数的权属别结构

年份	公立医院（家）	私立医院（家）		公立医院的市场占有率（%）
		非营利	营利	
1950	3 320	350		90.5
1961	5 594	2 253		71.3
1971	8 001	13 792		60.9
1980	31 155	12 827	24 400	45.6
2000	40 129	38 073	35 977	35.1
2003	42 860	90 538		32.1

第12节　中国台湾的医师薪酬制度

中国台湾医院的人力成本高达其收入的50%，实践表明，财务激励仍然是医师激励的主要诱因之一，其中最主要的财务工具就是变动薪酬制，如按件计酬制（Piece-rate Pay Plans）、利润分享制（Profit-sharing Plans）和目标奖金制（Gain-sharing Plans）。20世纪70年代后期，随着私人财团法人医院的出现，他们重新设计了医师的薪酬体系，这些方法在中国台湾的医院均有应用。[15]

目前，在中国台湾，医师报酬的内涵大致有以下三种方式：第一种，基本保障薪加上变动式的医师提成（医师费），如教会医院、成大、台大、万芳、高医、慈济等医院。第二种，基本保障薪加上分配比率固定的医师奖励金（服务奖金+基本奖金），如公立医院、荣民总医院等。第三种，完全变动提成式，如长庚、新光、奇美、马偕等医院。[16]

绩效奖金制度：对凡是能够量化的工作单位订定业务奖励办法，如放射科、核医科、生理诊断室、复健科、药剂科、洗肾室技术员，发给奖励金。医师费制度（PF，Physician Fee）的建立具有很大的功效。PF 制度即医院并不支给医师固定薪或基本薪，但基于需要可能会保障其最低待遇。医师的所得完全来自于他所贡献的技术力，而所得的比例或高低，则依据该项技术力的难易而定。[4]

PF 制度，是指对于医师费项目，凡由主治医师亲自操作或判读的项目，应分别依各项不同性质，全部或部分归属该医师所有。医师各项所得的提成比例依照各项目不同的性质来确定，原则如下：（1）危险性及困难度高者，其提成比率亦高；（2）量少者提成比率高，量多者提成比率低；（3）只负监督责任，而非亲自操作者，提成比率最低，如检验、复检；（4）花费时间多者提成比率高，少者提成比率低，前者如血管摄影，后者如胸部摄影；（5）占用设备、人员多者提成比率低，设备便宜、人员少者提成比率高。为避免少数医师诊疗太多病人，工作超量，这样不但影响医疗质量，也会影响年轻医师的收入，中国台湾在实行 PF 制度中采用医师所得再分配（Pooling），以及控制全院医师所得上限（Ceiling）的方法来进行调节。各主治医师其每月 PF 收入先进行科内再分配，如超过所定的上限点，则每增加一定数额，应依照所定的百分比扣减。[17]

参考文献：

[1] 杨世德. 赴台医学考察报告. 中国医师杂志，2002，4（4）：337-337.
[2] 赵苹，王吉善. 中国大陆药剂科台湾参访团考察报告. 中国卫生质量管理，2008，15（5）：1-3.
[3] 邹涛，田侃. 台湾地区民营医疗机构法律地位浅析. 医学与社会，2009，22（12）：50-51.

[4] 洪清福. 台湾医院的管理经验. 中国医院管理，2000（3）：58-59.
[5] 彭军. 台湾财团法人医院的法人治理结构. 中国医院，2004，8（6）：30-32.
[6] 张琨，刘雪蓉. 新加坡，台湾医院管理印象. 医院管理论坛，2004，21（10）：62-64.
[7] 宋琳娜. 台湾医院考察见闻. 中华护理杂志，2003，38（5）：395-397.
[8] 尹畅，董四平，梁铭会. 台湾医疗质量监管的经验与启示. 中国卫生质量管理，2012，18（6）：6-8.
[9] 顾而洲，陈英耀. 台湾地区医疗质量指标系统的发展和应用. 中国卫生质量管理，2008，15（2）：80-82.
[10] 吴宝珠. 台湾医院管理特征之所见. 医学信息：下旬刊，2010，23（12）：25-25.
[11] 马晓静，王小万，左延莉. 公立医院托管模式研究. 中国医院管理，2009（10）：9-12.
[12] 朱俊利，王晓燕，高广颖. 台湾医院管理经验浅谈. 医院院长论坛，2008，5（5）：49-51.
[13] 徐定立. 试探《医事法》——从台湾“医疗法”和医疗十七大报告中试析构建整体性《医事法》的可能. 科技信息，2009（22）：322-322.
[14] 韩迎春，曹力. 引进台湾医院绩效管理的效果分析. 医院管理论坛，2010（4）：41-42.
[15] 北大国际 MBA. 台湾医院财务管理案例. 中国医院，2006，10（4）.
[16] 吴进军. 台湾地区的医院管理变革. 现代医院，2008（001）：154-156.
[17] 黄自发，鲁翔. 医师诊疗费制度和本-量-利财务分析模型对控制门诊费用的思考. 海峡科学，2010（2）：49-51.

附件1：中国台湾“医疗法”（节选）

第一章　总则

第1条　为促进医疗事业之健全发展，合理分布医疗资源，提高医疗品质，保障病人权益，增进国民健康，特制定本法。本法未规定者适用其他法律规定。

第 2 条 本法所称医疗机构，系指供医师执行医疗业务之机构。

第 3 条 本法所称公立医疗机构，系指由政府机关、公营事业机构或公立学校所设立之医疗机构。

第 4 条 本法所称私立医疗机构，系指由医师或依有关法律规定办理医疗业务之公益法人及事业单位所设立之医疗机构。

第 5 条 本法所称财团法人医疗机构，系指以从事医疗业务为目的，由捐助人捐助一定财产，经许可设立为财团法人之医疗机构。

第 10 条 本法所称卫生主管机关：在“中央”为行政院卫生署；在直辖市为直辖市政府；在县（市）为县（市）政府。

第二章　医疗机构

第一节　通则

第 11 条 医疗机构设有病房收治病人者为医院；仅设门诊者为诊所。非以直接诊治病人为目的而由医师办理医疗保健业务之机构为其他医疗机构。

前项诊所得设置九张以下之观察病床。

医疗机构之设置标准，由中央卫生主管机关定之。

第 12 条 医院之设立或扩充，应经卫生主管机关许可后，始得依建筑法有关规定申请建筑执照。

第 13 条 医疗机构之开业，应依下列规定，向所在地直辖市或县（市）卫生主管机关申请核准登记，发给开业执照：

一、私立医疗机构，应以医师为申请人。

二、公立医疗机构，由其代表人为申请人。

三、财团法人医疗机构或其他法人依有关法律规定附设医疗机构，由该法人为申请人。

第 14 条 医疗机构名称之使用或变更，应以卫生主管机关核准者为限。

第 15 条 医疗机构应置负责医师一人，对其机构医疗业务，负督导责任。

前项负责医师，须在中央卫生主管机关指定之医院、诊所接受两年以上之医师训练并取得证明文件者，始得为之；专科医院、专科诊所之负责医师，并须具有专科医师资格。但于本法公布前已充任负责医师者，不在此限。

第16条 医疗机构应将其开业执照、诊疗时间及其他诊疗规则悬挂于明显处所。诊所及专科医院，其医师之医师证书亦同。

第17条 医疗机构收取医疗费用之标准，由直辖市及县（市）卫生主管机关核定之。但公立医疗机构之收费标准，由该管主管机关分别核定。

第18条 医疗机构收取医疗费用，应依病人要求，掣给收费明细表及收据，并应备置收费标准明细表供病人查阅。

医疗机构不得违反收费标准，超额收费。

第19条 医疗机构歇业、停业、复业或其登记事项变更时，应于事实发生后十日内，报请原发开业执照机关核备。

医疗机构迁移者，准用关于设立及开业之规定。

第20条 医疗机构应保持环境整洁、秩序安宁，不得妨碍公共卫生及安全。

第21条 医院除其建筑构造、设备应具备防火、避难等必要之设施外，并应建立紧急灾害应变措施。

前项紧急灾害应变措施及检查办法，由中央卫生主管机关定之。

第22条 医疗机构应依法令规定或依卫生主管机关之通知，提出报告，并接受卫生主管机关对其人员配置、构造、设备、医疗收费、医疗作业、卫生安全、诊疗纪录等之检查及资料搜集。

第23条 中央卫生主管机关得视需要办理医院评鉴，并得委托民间团体办理。直辖市或县（市）卫生主管机关对辖区内医疗机构业务，应定期督导考核及辅导。

第二节　私立医疗机构

第24条 私立医疗机构由医师设立者，该医师并为其机构之负责医师。

第25条 私立医疗机构依有关法律规定由公益法人及事业单位设立者，其医疗业务，应受卫生主管机关之督导。

第 26 条 私立医疗机构由依其他法律设立之财团法人附设者，应有足以购置所需建筑基地、房舍及必要设备之设立基金，其已有之土地、房舍合于设立医疗机构之用者，得抵充部分设立基金。

第三节 公立医疗机构

第 27 条 公立医疗机构之医疗业务，应受中央卫生主管机关之督导。

第 28 条 公立医院得邀请当地社会人士组成营运咨询委员会，就加强地区医疗服务，提供意见。

公立医院应提拨年度医疗收入百分之五以上，以办理有关研究发展、人才培训、健康教育、医疗救济、社区医疗服务及其他社会服务事项。

第四节 财团法人医疗机构

第 29 条 财团法人医疗机构之设立，应检具捐助章程及目的事业计划说明书等文件，申请中央卫生主管机关许可，并依法向该管法院声请登记。

第 30 条 财团法人医疗机构，应有足以购置所需建筑基地，房舍及必要设备之设立基金；其已有之土地、房舍合于设立医疗机构之用者，得抵充部分设立基金。

前项规定于依其他法律设立之财团法人所附设之医疗机构，准用之。

第 31 条 财团法人医疗机构之董事，以九人至十五人为限；其中三分之一以上应具目的事业专门知识。

外国人充任董事，其人数不得超过总名额三分之一；董事相互间，有配偶及三亲等以内血亲、姻亲关系者，亦同。

第 32 条 财团法人医疗机构经许可设立后，捐助人或遗嘱执行人，应于三十日内依捐助章程遴聘董事，成立董事会，并将董事名册于董事会成立之日起三十日内，报请中央卫生主管机关核备。

财团法人医疗机构，完成法人登记后，捐助人或遗嘱执行人，应于完成登记之日起三个月内，将全部建筑基地、房舍及推行医疗业务之设备等财产移归法人，并报请中央卫生主管机关核备。

第 33 条 财团法人医疗机构，于财团法人设立登记后，其不动产或重要财产如有增减，应于每年年度结束三个月内，检同财产变更清册，报请中央卫生主管机关核备后，向该管法院办理变更登记。

董事长、董事之改选或其他重要事项之变更，应于发生之日起三十日内，报请中央卫生主管机关核备后，向该管法院办理变更登记。

第34条 财团法人医疗机构，应提拨年度医疗收入百分之五以上，订定办法，办理有关研究发展、人才培训、健康教育、医疗救济、社区医疗服务及其他社会服务事项；办理绩效卓著者，由中央卫生主管机关奖励之。

前项办法，应报请中央卫生主管机关核备。

第35条 财团法人医疗机构财产及基金之管理使用，应受中央卫生主管机关之监督；非经核准，不得对不动产为处分、出租、设定负担或变更用途。

第36条 财团法人医疗机构，应建立会计制度，办理会计事务，并于年度终结后三个月内，检具年度结算及业务执行书，报请中央卫生主管机关核备。

第37条 中央卫生主管机关，对财团法人医疗机构之财产及基金，得按其设立目的，指导作适当运用。

第38条 财团法人医疗机构解散后，其剩余财产之归属，依民法之规定。

第39条 财团法人医疗机构办理不善或违反设立许可条件者，中央卫生主管机关得予纠正，并令限期改善，逾期不改善或情节重大者，得撤销其许可。

第三章 医疗业务

第40条 医疗机构应依其提供服务之性质，具备适当之医疗场所及安全设施。

第41条 医疗机构之负责医师，应督导所属医事人员，依各该医事专门职业法规规定，执行业务。

第42条 医院于诊疗时间外，应依其规模及业务需要，指派适当人数之医师值班，以照顾住院或急诊病人。

第43条 医院、诊所遇有危急病人，应即依其设备予以救治或采取一切必要措施，不得无故拖延。

前项危急病人如系低收入病患或路倒病人，其医疗费用非本人或其扶养义务人所能负担者，由直辖市或县（市）政府社会行政主管机关依法补助之。

第44条 医疗机构，不得以不正当方法，招揽病人。

医疗机构及其人员，不得利用业务上机会，收受商人馈赠或获取其他不正当利益。

第45条 医院应建立院内感染控制及医事检验品管制度，并检讨评估。

第46条 医院实施手术时，应取得病人或其配偶、亲属或关系人之同意，签具手术同意书及麻醉同意书；在签具之前，医师应向其本人或配偶、亲属或关系人说明手术原因，手术成功率或可能发生之并发症及危险，在其同意下，始得为之。但如情况紧急，不在此限。

前项手术同意书及麻醉同意书格式，由中央卫生主管机关定之。

第47条 医院对手术切取之器官，应送请病理检查，并应就临床及病理诊断之结果，作成分析、检讨及评估。

第48条 医院、诊所之病历，应指定适当之场所及人员保管，并至少保存十年。

病历内容应清晰、翔实、完整。医院之病历并应制作各项索引及统计分析，以利研究及查考。

第49条 医疗机构及其人员因业务而知悉或持有他人之秘密，不得无故泄露。

第50条 医院、诊所因限于设备及专长，无法确定病人之病因或提供完整治疗时，应建议病人转诊。但危急病人应依第四十三条第一项规定，先作适当之急救处置，始可转诊。

前项转诊，应填具转诊病历摘要，交予病人，不得无故拖延或拒绝。

第51条 医院、诊所诊治病人时，得依需要，并经病人或其配偶、亲属之同意，商洽病人原诊治之医院、诊所，提供病历摘要及各种检查报告资料。原诊治之医院、诊所不得拒绝；其所需工本费，由病人负担。

第52条 医院对出院病人，应依病人要求，掣给出院病历摘要。

医院对尚未治愈而要求出院之病人，得要求病人或其关系人，签具自动出院书。

第53条 医院得应出院病人之要求，为其安排适当之医疗场所及人员，继续追踪照顾。

第54条 医院、诊所如无法令规定之理由，对其诊治之病人，不得拒绝掣给诊断书、死亡证明书或死产证明书。

第55条 医疗机构应接受政府委托，协助办理公共卫生、继续教育、在职训练、灾害救助、急难救助、社会福利及民防等有关医疗服务事宜。

第56条 为提高国内医疗技术水准及医疗，或预防疾病上之需要，教学医院经拟定计划，报请中央卫生主管机关核准，或经中央卫生主管机关委托者，得施行人体试验。

非教学医院不得施行人体试验。

第57条 教学医院施行人体试验时，应善尽医疗上必要之注意，并应先取得接受试验者之同意；受试验者为无行为能力或限制行为能力人，应得其法定代理人之同意。

第58条 医疗机构诊治病人时，应向病人或其家属告知其病情、治疗方针及预后情形。

第五章 医事人力及设施分布

第63条 中央卫生主管机关，为促进医疗资源均衡发展，统筹规划现有公私立医疗机构及人力合理分布，应划分医疗区域，建立分级医疗制度，订定医疗网实施计划。

各级政府应依前项医疗网实施计划，对医疗资源缺乏区域，奖励民间设立医疗机构；必要时，得设立公立医疗机构。

第64条 医疗区域之划分，应考虑区域内医疗资源及人口分布，得超越行政区域之界限。

第65条 直辖市及县（市）卫生主管机关，应依医疗网实施计划，就辖区内医疗机构之设立或扩充，予以审查。但一定规模以上大型医院之设立或扩充，应层报中央卫生主管机关核准。

对于医疗设施过剩区域，卫生主管机关得限制医院之设立或扩充。

第66条 中央及直辖市卫生主管机关依医疗网实施计划，在医疗资源缺乏地区，得采取下列措施，奖励民间设立医疗机构：

一、补助医疗设备费用。

二、为兴建医院费用，洽供贷款或补助利息。

第67条 中央及直辖市卫生主管机关，得设置或筹募医疗发展基金，供前条所定奖励之用。

第 68 条 为防止医疗滥用，避免医疗费用高涨，医疗机构购置及使用昂贵或具有危险性医疗仪器，中央卫生主管机关得予必要之审查及评估。

前项审查及评估办法，由中央卫生主管机关定之。

附件 2：中国台湾“医事人员人事条例”

第 1 条

医事人员人事事项，依本条例之规定；本条例未规定者，适用其他有关法律之规定。

第 2 条

本条例所称医事人员，指依法领有专门职业证书之医师、中医师、牙医师、药师、医事检验师、护理师、助产师、营养师、物理治疗师、职能治疗师、医事放射师、临床心理师、谘商心理师、呼吸治疗师、药剂生、医事检验生、护士、助产士、物理治疗生、职能治疗生、医事放射士及其他经中央卫生主管机关核发医事专门职业证书，并担任公立医疗机构、政府机关或公立学校（以下简称各机关）组织法规所定医事职务之人员。

各机关适用本条例职务一览表，由考试院会同行政院定之。

第 3 条

前条各类医事人员依各该医事法规规定分为师级及士（生）级，师级人员并再分为师（一）级、师（二）级与师（三）级，以师（一）级为最高级。

各机关医事职务之员额及级别，应依其职责程度及所需专业知能，列入组织法规或编制表内。

各机关师级医事职务级别、员额之配置准则，由考试院会同行政院定之。

第 4 条

具有下列情形之一者，依所领有医事专门职业证书，分别取得各该类别医事职务师（三）级、士（生）级医事人员任用资格：

一、经公务人员考试医事相关类科考试及格并取得中央卫生主管机关核发之医事专门职业证书者。

二、经专门职业及技术人员考试医事相关类科考试及格并取得中央卫生主管机关核发之医事专门职业证书者。

第5条

各机关遴用新进医事人员，除下列人员外，应依公务人员升迁法之外补程序规定，就具有任用资格人员以公开竞争方式甄选之：

一、考试及格分发任用者。

二、政府机关培育之医事公费生经分发履行服务义务者。

三、依本条例任用之各机关首长、副首长及一级单位主管。

第6条

医事人员初任各级职务，先予试用六个月。试用期满成绩及格者，以医事人员任用；成绩不及格者，停止试用，并予解职。但曾在各机关或各类医事人员依其医事专门职业法律得执业之机构担任与其所拟任职务之性质相近程度相当或任低一级职务之经历六个月以上者，免予试用。

前项试用人员不得兼任各级主管职务。

第7条

具有下列情形之一者，依所领有师级医事专门职业证书，取得各该类别医事职务师（二）级医事人员任用资格：

一、已达师（二）级最低俸级，并具备相关之学历、经历及专业训练者。

二、领有中央卫生主管机关核发之师类医事专门职业证书后，实际从事四年以上相关专业工作，并符合前款学历、经历及专业训练规定者。

具有下列情形之一者，依所领有师级医事专门职业证书，取得各该类别医事职务师（一）级医事人员任用资格：

一、已达师（一）级最低俸级，并具备相关之学历、经历及专业训练者。

二、领有中央卫生主管机关核发之师类医事专门职业证书后，实际从事十二年以上相关专业工作，并符合前款学历、经历及专业训练规定者。

前二项所称学历、经历、专业训练及相关专业工作，应于施行细则中明定之。

第8条

医事人员除聘用住院医师外，经依规定先派代理后，应送请铨叙部铨叙审定，经铨叙审定不合格者，应即停止其代理。

第9条

公立医疗机构住院医师依聘用人员进用之法律规定聘用之。

本条例施行前，曾经铨叙有案并仍在职之住院医师继续任用至离职为止。

第10条

医事人员之俸给，分本俸、年功俸及加给，均以月计之。

前项本俸、年功俸之级数及俸点，依医事人员俸级表之规定。

医事人员俸级表，由考试院会同行政院定之。

第11条

医事人员俸级之核叙依下列规定：

一、依所任职务级别之最低俸级起叙。但领有较拟任职务级别高一级之医事专门职业证书者，以该职业证书所能担任之较高职务级别最低俸级起叙。

二、曾经依本条例铨叙审定高于拟任职务级别最低俸级或前款较高职务级别最低俸级者，以铨叙审定有案之较高俸级起叙。但以叙至拟任职务级别年功俸最高级为止。如有超过之俸级时，调任低级别职务人员，其原叙较高俸级之俸点，仍予照支；再任低级别职务人员，其原叙较高俸级，仍予保留，俟将来调任相当级别职务时，再予回复。

三、依其他任用法律铨叙审定合格人员，于担任医事人员时，得比照前二款规定核叙俸级。

第12条

医事人员曾任与现任职务级别相当、性质相近且服务成绩优良之职务年资，除依前条第三款规定核叙俸级或已依第七条规定采计为任用资格年资外，如尚有积余年资得依公务人员俸给法规之规定，按年核计加级。依前条第一款但书规定核叙较高俸级者，其曾任较所叙俸级为低之年资，不得再依前项规定按年核计加级。但依前条第一款规定自所任职务级别之最低俸级起叙，再依前项规定按年核计加级者，不在此限。

第一项所称级别相当，指医事人员曾任职务等级与现所铨叙审定之级别相当，各类人员与医事人员级别相当之对照，由考试院定之；所称性质相近，指医事人员曾任职务工作性质与拟任职务应适用医事专业法律所定执业业务之性质相近。

第 13 条

医事人员考绩奖惩，除本俸、年功俸之晋级以医事职务级别为准外，余均适用公务人员考绩法规定。

第 14 条

医事人员得兼任公立医疗机构首长、副首长或医事单位主管、副主管。

前项职务之任期及遴用资格，由各主管机关会商中央卫生主管机关定之。

第 15 条

依本条例任用之医事人员，除经公务人员考试及格或具有其他法律所定任用资格者外，不得转调其他非由医事人员担任之职务。

第 16 条

本条例施行前，依其他法律规定任用之现职医事人员，具有第四条所定任用资格者，按其原铨叙之资格予以改任换叙；未具所任职务法定任用资格者，适用原有关法律规定，并继续任用至离职为止。前项改任换叙办法，由考试院会同行政院定之。

第 17 条

本条例施行后，依新制定医事专业法律规定适用本条例之现职医事人员，依前条规定办理。

第 18 条

本条例施行前，曾经铨叙审定合格有案离职，具有第四条所定任用资格者，于本条例施行后再任医事人员，得比照第十六条规定办理改任换叙。但原铨叙审定之职等俸级超过再任职务级别所列俸级范围者，以该职务级别年功俸最高俸级办理改任换叙；其超过之俸级，仍予保留，俟将来调任相当职务级别时，再予回复。

第 19 条

本条例施行细则，由铨叙部会同中央卫生主管机关定之。

第 20 条

本条例施行日期，由考试院会同行政院定之。

第7章
中国香港

第1节 中国香港医疗服务体制概述

中国香港医疗服务体制是双重体制，即公营、私立机构并存。主要的服务提供者有医院管理局（管理所有公立医院）、私家医院和专科医生、私家医生以及中医师等。大部分的基层医疗护理服务由私家医生提供。第三层医护服务，即最复杂的医院服务和长期护理，全部由医院管理局提供。[1]

第2节 公立医院出资人的权利和责任及出资人与医疗机构之间的关系

中国香港特区依据立法会颁布的“医院管理局条例”，依法设立医院管理局。医院管理局作为公法人行使对全港公立医院的出资人责任，包括出资人监管责任，单个公立医院不具有独立法人地位，由医院管理局聘任和解聘院长。特区政府在全球招聘医院管理局首席执行官，医院管理局首席执行官由特区行政长官任命，并对立法会负责（见图7-1）。[2]

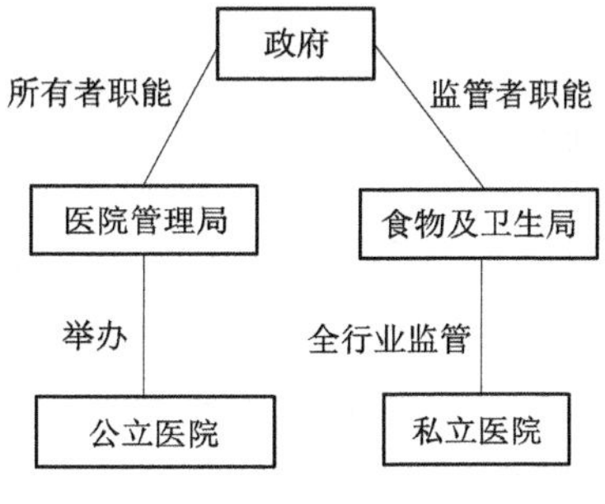

图7-1 中国香港医院所有及监管关系

第3节　公、私立医院的法人治理形式及内部组织结构

3.1　公立医院的内部组织结构及人员构成

中国香港公立医院内部管理强调权力与责任的有机结合。成立以行政总监为首、各总经理和临床部门主管为骨干的医院行政管理架构，基层部门是由部门主管承担责任。一般医院设5个总经理：（1）财务总经理负责医院财政预算、成本核算和薪水管理，中国香港公立医院财政收入80%用于薪水。（2）医务总经理负责医务行政，下设若干个临床部门经理。部门经理也称部门主管或顾问医生。（3）护理总经理负责护理行政管理。（4）行政总经理负责人力资源、物质供应、医院维修、支援服务、保安、膳食、图书馆和病人联络等管理。（5）辅助医疗总经理负责心理学科、药剂科、物理治疗部、言语治疗部、职业治疗部、营养部、社区及义务工作发展部、院牧部等管理[3]。

各总经理之上是医院行政总监，再之上是联网行政总监，最上面是医院管理局总裁。上述清晰简洁的问责制度，从基层员工到行政总裁一脉相承，最终由行政总裁向医院管理局大会完全负责。[4]

中国香港公立医院人员结构所占比例最大的是后勤支援人员（42%），其次为护理人员（40%）、专职医疗人员（9%）、医生（7%）和管理人员（2%）。[3]

3.2　私立医院的管理机构

私立医院的管理由理事会来监察。在私立医院成立时，必须成立理事会，并且规定其工作内容。若持牌人亲自负责经营医护机构，则必须担任负责人的角色；若持牌人并非亲自经营医护机构，则必须委任一名负责人主理日常运动。

对上述内容，《私家医院、护养院和留产院事务守则》有如下明确的规定：

（1）理事会的组成：持牌人须成立理事会，监察医护机构的管理工作。理事会须最少有一名业外成员。

（2）理事会的负责范围：① 选定和推行营办理念和宗旨声明，确保医护机构内所有决策人均按声明行事。② 负责整体协调和评估医护机构内进行的各项工作。③ 制定有助医护机构运作的政策。④ 监察医院的财务管理，以及确保医护机构遵守香港有关的条例和法律。⑤ 理事会须定期（每季度至少一次）举行会议，检讨医护机构的表现。⑥ 理事会成员须定期（不少于每六个月一次）视察医护机构，监察负责人的表现和医护机构的管理情况。这些视察须记录在案。

（3）负责人的义务：① 负责人须委任一名人士，在其不在工作岗位时代理职务。这名代理人的资格和经验须适合监督医护机构的运作。② 负责人须应医护机构规模和病人需要，谨慎、胜任和有技巧地管理医护机构。负责人须具备管理医护机构的最新知识。

第4节　私立医院的准入条件和注册

4.1　私立医院的申请条件

《私家医院、护养院和留产院实务守则》规定，私立医院申请人须负责地向地政总署或规划署确定使用有关处所做经营医护机构用途，符合规划署的有关条例和规例。申请人向卫生署署长提交医护机构注册的申请前，必须就土地使用、批约条款、屋宇装备和消防装置等方面，取得地政总署以及政府其他有关部门的批准。

4.2　私立医院的注册

《医院、护养院及留产院注册条例》中对私立医院的注册明确规定如下：

（1）任何人如未就某医院或留产院注册而营办该院，即属犯罪，一经循简易程序定罪，可处第1级罚款，第二次或其后定罪可处第1级罚款及监禁3个月。

（2）注册的申请须使用卫生署署长订明的表格以书面向署长提出。

（3）每一份注册申请书均须连同附表内指明的适当费用。

（4）署长接获注册申请书后须就申请书上所指名的医院或留产院给申请人注册，但该项注册须符合他认为适当而有关该医院或留产院的房舍、人手或设备方面的条件；署长须将列明该等条件的注册证明书发给申请人。

如果遇到以下申请人条件不符合的情形，署长也可以拒绝申请：

（1）申请人或其在医院或留产院所雇用的任何人，并不是营办或受雇于申请书上指名的医院或留产院的该类医院或留产院的适当人选。

（2）因与地点、建造、房舍、人手或设备等有关的理由，该医院或留产院或与之有关而使用的任何处所，并不适合用作申请书上指名的医院或留产院的该类医院或留产院或作有关用途，或该医院或留产院或与之有关而使用的任何处所，目前或将来的用途，就该类医院或留产院而言，在任何方面是不当或不宜的。

（3）如属医院，该医院既非由驻院的一名符合资格的医生亦非由驻院的一名注册护士掌管，或在监管或受雇担任医院内病人的护理工作的人中，并无适当比例的注册护士。

（4）如属留产院，监管院内病人的护理工作的人并非注册助产士，或受雇照料院内分娩中的妇女或受雇护理院内病人的人既非符合资格的医生、亦非注册助产士或见习助产士，或在监管或受雇担任院内病人的照料或护理工作的人中，并无适当比例的注册助产士或见习助产士。

如果申请成功，得到当局就有关医院或留产院发给的现行注册证明书，须保持张贴在该医院或留产院的显眼处，如以上规定不予遵守，营办该医院或留产院的人即属犯罪。

第5节　公、私立医疗机构医生的身份及收入

5.1　公立医院医生

政府对公立医院监管力度大，医务人员的行为规范、规章制度明

确[5]。公立医院医生属于公务员编制，有可预期的丰厚退休金，受到廉政机构的监控，违者将受到停牌、取消退休金甚至追究刑事责任的处罚[6]。公立医院的医生是驻院医生[7]，不得业余兼职，不得外出“走穴”[5]。发生医疗事故后，医生和医院都有责任[7]。

5.2 私家医生

私家医生的行医方式主要就是兼职。除少部分驻院医生外，绝大多数是挂单医生[7]，不在私立医院坐班[8]，可以同时服务于多家私立医院，也可以自带病人到任何一家私立医院去手术和治疗[5]。病人需要治疗时，可指定某个私家医生为其治疗并支付相关医生的劳务费[8]。私家医生有自己的私家诊所，治疗期间只是租用医院的病房、手术室、医护设备等，与医院并没有任何隶属和雇佣关系，而收入则由医生与医院之间协议，采用分账方式[7]。

医生在毕业后通常会先在公立医院工作，取得经验以考取专业资格，待技巧成熟时多会进入私人市场，开设自己的诊所行医。因而公立医院的医生一般都是学校刚毕业的实习生，没什么经验；而私立医院的医生都是很有经验的，很多是自己开诊所[9]。

医生的收入是固定年薪，没有红包，也没有药品回扣，医生的薪酬标准普遍很高，是典型的中产阶级。新入职医生月薪约为 4 万多港元，连同现金津贴可达 5、6 万，资深医生的薪酬加津贴更可高达 10 几万，顶级的外科医生甚至周薪百万。收取患者红包是触犯刑法的，而且会终身吊销行医执照[6]。

第 6 节　公立医院的药品、耗材和设备采购

6.1 税收优惠

中国香港的《税务条例》规定，任何属公共性质的慈善机构或慈善信

托均获豁免并当作一直获豁免缴税。

6.2 公立医院的药品、耗材和设备的采购

中国香港公立医院使用的所有药品、耗材和设备的招标采购，都由医院管理局及该局下属的7个医院联网（相当于医管局的分区行政机构，分别是港岛东、港岛西、九龙东、九龙中、九龙西、新界东、新界西7个医院联网，负责管理辖区各医院）统一实施及统一支付。只要是在中国香港设有办事处，全球任何药品、医疗设备及耗材供货商都可以参加医院管理局及各医院联网举办的招标活动，招标中综合考虑各公司的能力、产品的规格和价格，进行全球采购[10]。

医院用于购买医疗设备及医院信息系统的资金，一般按季度由医院管理局发放。医院管理局内部有一个生物医疗工程小组，成员包括医生、工程师以及管理人员等，负责受理有关医疗设备购置及分配事宜。一个公立医院要引进一台新设备，一般工作流程如下：① 医院根据实际需要提出申请；② 生物医疗小组根据全港医疗设备分配现状进行论证，并上报医院管理局；③ 医院管理局审核、划拨资金给医院；④ 医院购买设备。[11]

公立医院医疗设备维修保养服务由香港政府机电工程署下设的卫生工程部负责，并就医疗设备的采购提供专业意见[12]。公立医院90%的机电工程服务由卫生工程部负责。卫生工程部的机电工程服务包括三类：第一类是医院的工程服务，包括医院、诊所以及洗衣房的机电装置、系统及设备的运作与保养、机电系统设计、采购、项目管理及技术咨询服务；第二类是医院屋宇装备维修服务，包括屋宇设备的改装、增建和改善装备性能；第三类是医院医疗设备维修服务，包括医疗设备和科研设备的决策、采购及维修服务[11]。

第7节 对医疗机构及医生的监管

食物及卫生局负责领导卫生署和医院管理局的工作。卫生署负责管理公共及港口卫生和基层医疗，负责对私立医院的监督[13]。

7.1 对私立医院的监管

中国香港对私立医院的监管由香港卫生署负责，主要依据“香港法例”第165章“医院、护养院及留产院注册条例”（制定于1936年），符合房屋、人员或设备条件要求的即可申请注册。到2010年，全港有私营医院13间、护养院20间、留产院9间。卫生署通过在首次注册或每年续发行医执照前进行视察、临时突击视察、发送通知书、医疗警报等方式实施监管；卫生署接受有关对私立医院的投诉并做出调查，同时要求其按月向卫生署呈交投诉资料。卫生署不限制私立医院的收费，但要求其公布收费表或备有收费资料供病人参考[1]。

7.2 对公立医院的管理

医院管理局直接管理香港所有的公立医院，医院管理局负责委任医院管治委员会成员和医院行政总监。医院管治委员会是医院的最终决策机构，医院行政总监负责领导医院的发展和运作，须向医院管治委员会负责。[13]

7.3 对执业医生的监督和管理

7.3.1 监管措施

香港医务委员会在颁布《香港注册医生专业守则》的同时，为了保障执业医师严格执行《香港注册医生专业守则》，针对可能发生的违背医生职业行为规范的事件，采取了一系列有效的监督和控制措施。这些措施包括：（1）医疗法规的贯彻和实施；（2）由政府主管部门委托中介组织承担的医院服务评审；（3）医疗责任保险制度；（4）医院内部的监管；（5）大众媒体的监督以及个人和机构对医生违规事件的投诉等。[14]

7.3.2 投诉医生的程序

在中国香港，对医生违规事件的投诉已形成规范化的程序。为了帮助市民了解医务委员会处理投诉工作的程序，香港在互联网上公布了详细的投诉指南和投诉程序，以帮助市民了解医务委员会是如何对投诉的医生进行调查、如何处理投诉以及处理投诉工作的程序等。为了保障投诉的严肃性，投诉程序中明确规定投诉人需提供以下资料：投诉人的姓名、地址和联系电话；投诉的医生姓名和地址；有关认为医生所犯错误的细节；事发日期；有关文件的副本以及录音带或相片等其他证据；事件中可作为证人或任何可能支持你投诉的人士的姓名和地址。

涉及注册医生专业上的失当行为的投诉，通常由个人向香港医务委员会提出，或由警方、廉正公署、传媒机构等组织转介。香港医务委员会不受理匿名投诉、与医生医务工作无关的投诉、证据不足的投诉以及不构成专业上行为失当的投诉。[14]

7.3.3 对失职医生的处罚

香港医务委员会中的初步侦讯委员会和道德事务委员会，负责对投诉进行调查。一旦核实注册医生的失当行为属实，医务委员会将根据失当行为的轻重予以处理。注册医生失当行为较轻者，可受到警告或谴责；失当行为严重者，将从通科医生或专科医生名册中暂时除名或永久除名。

被香港医务委员会裁定犯了违纪行为的注册医生将会受到下列处罚：一是从通科医生或专科医生名册中除名；二是从通科医生或专科医生名册中暂时除名，期间为委员会认为适当的期间；三是被谴责；四是在委员会认为适当的条件的规限下，3 年内暂缓执行上述处分；五是警告信。香港医务委员会对违纪医生可能导致的对病人的损害和痛苦不进行赔偿裁决，此类裁决由香港民事法庭审理。[14]

第 8 节　公、私立医疗机构的主要筹资来源

香港现行的医疗体制主要有两套医疗系统[5]：

一套是政府高度补贴的公立医疗系统，95% 是来自特区政府的税收[15]，由政府通过一年一度的财政预算提供[6]，其余的 5% 是来自对个人的服务收费[15]。因此香港的公立医院不用像内地医院需要病人先缴费才收治[6]。

另一套是私立医疗系统，以商业运作为原则，收费非常高昂，政府没有任何补贴，主要收入来自患者个人支出，其余的来自私人保险和雇主提

供的医疗保障计划[15]。

第9节 对公、私立医疗机构的管理

中国香港私营医院的管理则由香港私立医院联合会负责[16]。

由于香港医院管理局的统一管理，香港的公立医院拥有统一的信息系统和管理制度[8]。医院管理局不负责公立医院开办、投资与审批工作，只负责公立医院内部管理和运作，是一个半政府职能部门；投资由香港政府卫生福利及事务局负责。

医院管理局对公立医院的具体管理如下：[17]

9.1 医院管理局对公立医院管理的组织结构

医院管理局主要由医院管理局大会、总裁和总办事处的有关部门组成。此外还另设9个功能委员会和3个区域咨询委员会为医院管理局本部决策提供指导和咨询。

根据《医院管理局条例》，医院管理局大会的职责是加强对医院管理局的监管，力求医院管理局在工作表现、问责和道德操守方面达到最高标准。目前大会主要由24名企业家、立法会议员、专业人士、社区代表和公职人员组成。医院管理局总部由总裁领导，下设总办事处。总办事处作为在总体策划方面的枢纽，现设有专业事务及运作（部）总监、专业事务及医疗发展（部）总监、财务（部）总监、专业事务及设施管理（部）副总监、人力资源（部）主管、中央事务（部）主管、机构传讯（部）主管。职责是在策略规划、整体管理、制定政策和订立标准、医疗资源配置和共享以及专业人员培训等方面为下属医院提供支持。

9个功能委员会包括职员、人力资源、财务、医疗服务发展、支援服务发展、审计、中央投保、公众投诉、职员上诉和只在紧急情况下启动的紧急应变对策指导委员会。

3个区域（香港区域、九龙区域、新界区域）咨询委员会，由医院管理局成员（如执行总监）、卫生署署长代表、区内医院代表以及参与社区工作的人士组成，主要职责是就各区内的医疗需求向医院管理局提出建议和意见。

9.2 医院管理局对公立医院的管理内容

在医院管理局下属的医院范围内实行统一行政管理制度，使整个机构奉行共同的宗旨和发展路径，同时要求医院采用同一套财务管理制度、规章和模式。

推行7个医院联网制度。医院管理局自2002年按地区和人口的需要划分七个地区，以联网的方式运作。可以通过联网整合人力资源和财务等，产生协同的效应。每一联网内的医院按照其服务性质分为急诊医院和康复医院，在每一所急诊医院的附近都有1~2所康复医院与之配套。

为了确保服务质量而推行有关的风险管理，成立一个医院管理局成员及海外专家组成的医疗风险专职委员会，一是监察医院管理局下辖医院推行临床医疗风险管理的进展；二是向医院管理局大会提交有关降低临床医疗风险的意见和建议。

其他内容如实施包括医疗设备、药品等医用物资的统一集中采购、建立信息科技平台、所有医院以及总办事处都使用统一的信息平台和数据定义等。

第10节 一些基础数据：公、私立医院的规模、主要功能和服务能力等

10.1 公立医院

中国香港公立医院资源庞大，市场份额占整个医疗服务市场的95%以上[17]。香港的公立医院一般都规模较大，主要以收治大病、重病为主，门诊病人不是其主要服务对象[5]。公立医院的住院病人占病人总数的85%，门诊病人只占15%[6]。

公立医院收费很便宜，但为了避免医生过度疲劳，除一些确需的急诊病人外，非紧急情况就诊，均需预约，排队预约基本由计算机完成。因而病人较多，预约等候的时间也很长，可能要几天、几个月，甚至几年。香港公民在公立医院的急诊服务是免费的，急诊是根据病情的轻重缓急、而非按先到先治的次序来确定诊疗顺序的。[5,6]

10.2 私立医院

私立医院占整个医疗服务市场的比例非常小[17]，但是私立医院因为方便、快捷、服务周到，颇受门诊病人的青睐。私立医院的住院病人占15%，门诊占85%[6]。

香港私立医院在加强医患沟通方面也有很多好的做法。每个病人入院后要与院方签定《病人契约》，明确病人的权益和医院的义务，保障病人的权益不受侵害[18]。

私立医院虽然收费高，但看病的人少，等待时间相对较短。普通人只要经济不是太困难，一般小病，会优先选择去私立医院或诊所看门诊，只有大病、重病、急病才会去公立医院享受社会福利[6]。

参考文献：

[1] http：//www. m-lawyers. net/Article_Show. asp？ ArticleID = 26396.

[2] 李卫平．公立医院法人治理模式与绩效管理．卫生经济研究，2012（5）.

[3] 黄津芳．香港公立医院管理特点．护理管理杂志，2002，2（1）：36-38.

[4] 党勇．香港医疗卫生管理体制特点及其启示．中国卫生经济，2009，28（5）：75-77.

[5] http：//www. m-lawyers. net/Article_Show. asp？ ArticleID = 26397.

[6] http：//www. m-lawyers. net/Article_Show. asp？ ArticleID = 35805.

[7] http：//www. m-lawyers. net/Article_Show. asp？ ArticleID = 26317.

[8] 宋元，贲慧，哈维超．香港地区医疗体制对内地的借鉴意义．中国卫生资源，2011，14（3）：196-198.

[9] http：//www. 525baby. com. cn/news/？ id = 5.

[10] http：//www. sznews. com/news/content/2012 - 06/19/content _ 6854180. htm.

[11] 陈辽平．香港公立医院的机电工程服务管理．医疗设备信息，1999（2）：53-54.
[12] 何兴华，张延武．香港公立医院医疗设备管理体制浅探．中国医学装备，2005，2（11）：15-16.
[13] 李世果，石宏伟．改善治理结构是提升公立医院绩效的关键——香港公立医院治理结构及启示．中国医院，2010，7：23-26.
[14] 贺加．香港地区注册医生行为规范及监督管理机制．中华医院管理杂志，2009，24（5）：311-312.
[15] http：//www. one120. com/buyunbuyu/xgsgye/72246. html.
[16] 左希洋．香港公立医院管理体制及其启示．医学与社会，2008，21（9）：28-30.
[17] 赵丹丹．香港公立医院管理体制的演变．中国医院院长，2007，9：43-45.
[18] 高虹．香港私立医院的管理体制．江苏卫生事业管理，2004，15（02）：58-59.